从泉州出发

老潘说海上丝绸之路

[美] 潘维廉（WILLIAM N.BROWN）　著

CIPG
China Foreign Languages
Publishing Administration
中国外文出版发行事业局

外文出版社
FOREIGN LANGUAGES PRESS

刺桐港商旅云集，船舶如织，满载着宝石、珍珠、瓷器、丝绸等货品，给马可·波罗留下了深刻印象，但他却没看清这座传奇港口城市的真正财富所在——这方水土和这方人！刺桐城坐拥得天独厚的自然环境，风光旖旎，美如画卷，又得思想开明的居民如同伺候盆景一般，用心守护此地的一草一木、一砖一石，自是屹立千年，驰名亚洲。

序言

泉州——我的第三故乡

2001 年 11 月，时任福建省省长的习近平亲自为我颁发"福建省荣誉公民"证书。当日晚宴上，他谈到："中国已经了解世界，但世界还不了解中国。"他还说："您写过您的第二故乡厦门，不妨也写写第三故乡泉州吧。"

时隔近 20 年，在 2019 年第十三届全国人大二次会议期间，习近平指出，福建是古代海上丝绸之路的起点，是 21 世纪海上丝绸之路的核心区。他对泉州历史与文化的重视可见一斑。

福建是古代海上丝绸之路的起点，当时世界上最大的港口就在福建的泉州。泉州对外贸易历史悠久，是启发习近平"一带一路"倡议的灵感源泉——在 21 世纪海上丝绸之路中，泉州也扮演着举足轻重的角色。

在"一带一路"倡议提出后不久，泉州就被确定为"21 世纪海上丝绸之路先行区"。多年来，在推动国际经贸往来，深化文化交流方面，泉州一直发挥着引领作用。2019 年，泉州与 21 世纪海上丝绸之路合作伙伴贸易总额达 1053.55 亿元，同比增长 24.6%。2021 年，泉州 GDP 达到 11304.17 亿元。

但在 2001 年，我对泉州知之甚少，对于提笔写书（管理学的教科书除外）也是兴致缺缺。2003 年，情况有所变化，当时我答应帮助泉州参评"国际花园城市"，并着手准备向欧洲评委和观众展示的材料，彼时才发现关于这座传奇之城的英文资料竟寥寥无几。

我又想起一年多以前，习近平曾鼓励我写一本关于泉州的书。这般机缘巧合之下，我花了 6 个多星期，驱车走遍泉州的角角落落，探索这座城市的历史、文化、地理和美食。因届时要赴荷兰阿珀尔多伦（Apeldoorn）发表参赛陈述，回来后我又调研了 8 个月。不消说，泉州厚重的历史和丰富的遗产令我深深着迷。我了解到泉州是马可·波罗启航回国的出发地，也是哥伦布原定西航到中国的目的地。（哥伦布未能如愿抵达泉州，而我却到过无数次啦！）

泉州的茶叶、瓷器和丝绸

外国人一想到中国，脑海里浮现的往往有茶叶、瓷器和丝绸——而这正是泉州的三大名产。在美国独立战争导火索波士顿倾茶事件中，示威者登上三艘从厦门港驶出的船，倾倒了来自福建的珍贵茶叶。泉州的德化白瓷一度受到欧洲皇室贵族的狂热追捧，一些君主甚至不惜亏空国库来资助研究，只为破解制瓷秘方。至于丝绸，著名的阿拉伯旅行家伊本·白图泰（Ibn Battuta）曾言，中国最好的丝绸并非产自杭州——尽管许多中国人这么认为——而是产自泉州。泉州的四万穆斯林居民称此地为"Zaytun"（刺桐），英语中的"satin"（缎子）正是由这一阿语词转音而来。

如今的泉州可谓发生了翻天覆地的变化，与我 1989 年首次造访时的一派死气沉沉的景象不可同日而语，较之 2003 年也更加繁荣富足——那一年，泉州在国际花园城市竞赛中获得了两项金奖。令人欣慰的是，泉州在追求高速发展的同时，不忘兼顾其独有的历史、文化和自然遗产，她或许是中国最注重传承与延续历史文脉的城市了。

2003 年在欧洲，我荣幸地向来自世界各地的评委介绍泉州。在我看来，这座城市不只是把历史文化遗产供在博物馆里，更是让其真正融入了城市的血脉。比方说，所有新建筑，无论是公寓楼房、银行还是购物中心，一律要遵循所在街区的历史和文化审美准则。日复一日，泉州便这样成为一座独具魅力、舒适宜居的现代化城市，在奔向美好未来的同时，不忘回首精彩的过去，古今风采在此交相辉映。这一壮举为泉州赢得 2001 年联合国教科文组织亚太地区遗产保护优秀奖，以及环保领域的诸多荣誉。

步入 21 世纪，泉州从未停下发展的脚步，但仍想方设法保留原有的风貌特色。这座城市曾让马可·波罗、伊本·白图泰和其他许多外国人为之痴迷，或许还曾赋予人们灵感，从而留下了阿拉丁和辛巴达等脍炙人口的传说故事。如今她的魅力有增无减，更加令人神往。

传说中的刺桐——阿拉丁的故乡？

在阿拉伯传说中，水手辛巴达曾到过刺桐，不过，辛巴达的故事灵感极有可能源自郑和的经历。郑和是中国古代伟大的航海家，世人尊称其为"三宝太监"（又作"三保太监"），两人名字相似（三宝"Sanbao"和辛巴达"Sinbad"），同为穆斯林，且前有郑和七下西洋，后有辛巴达七次远航，未免太过巧合。与西方探险家不同的是，郑和出海纯粹是为了探索世界，开展文化与商业交流，当然，也是为了帮助世界了解中国，毕竟在当时世界大多数人眼中，中国地域辽阔，百物富庶，是遥远东方的一个神奇国度。

阿拉丁的故事可能也从泉州撷取了灵感。也许很多人不知道，在最初的故事中，阿拉丁其实是个中国人（而不是中东人）。我手上有一本1905 年出版的书，其中阿拉丁故事的开篇如此写道："在中国的一个富饶省份里，住着一个叫穆斯塔发的穷裁缝，他有个儿子叫阿拉丁。"

1709 年，阿拉丁的故事首次传入巴黎。当时，有一名来自叙利亚的基督徒说书人汉娜·迪亚布（Hanna Diyab）向法国人安托万·加朗（Antoine Gallan）讲述了阿拉丁和阿里巴巴的故事。1710 年，加朗将这些故事编入《一千零一夜》（*The Thousand and One Nights*）一书。我收藏了好几本关于阿拉丁的书，出版时间在 19 世纪到 20 世纪之间。在这些书中，故事发生地从头到尾都在中国，甚至封面和内页插图描绘的都是中国人，他们身穿中国服饰，生活场景和建筑也都是中国风格的。

许多学者认为，阿拉丁故事的发生地不在中国，而在中东，依据是故事中出现了穆斯林的词汇和文化背景，但这其实很好解释——这位年轻的说书人从未到过中国，所以使用了自己熟悉的词汇，比如将君主称作苏丹而不是皇帝。但汉娜·迪亚布将故事背景定在中国，因为在他那个时代的人看来，中国是地球上最遥远、最富庶、最神奇的王国。

西方杰出的哲学家和领导者十分敬重中国文化和中国政府。1732 年，英国政治家尤斯塔斯·巴杰尔（Eustace Budgell）说，所有国家都知道中国有四大发明，却不知道中国"治国的艺术"也胜过其他国家。

启蒙运动的泰斗伏尔泰称，中国君主按哲学家的意见来治理国家，还自豪地向人展示挂在自家书房墙上的孔子画像。1764 年，伏尔泰写道，"无须沉迷于中国人的优点，但至少应认可一点：中国的确是世界上前所未有的伟大国家。"

但并非所有西方人都喜欢中国，特别是那些骄奢淫逸的天潢贵胄。1721 年，德国哲学家克里斯蒂安·沃尔夫（Christian Wolff）做了一场关于中国为政以德的演讲，极力赞美儒家学说，却被命令在 48 小时内离开普鲁士，否则将被绞死。

到了 20 世纪，西方人抹去阿拉丁故事中的中国元素，因为他们不愿看到中国的国际影响力日益提升。凡在故事中出现中国，讲述的无不是邪恶的中国如何摧毁西方的美好世界。

更有甚者如迪士尼，不仅把中国元素删得干干净净，还自己杜撰故事发生地——一个叫"阿格拉巴"（Agrabah）的王国，这可能是印度泰姬陵的所在地阿格拉（Agra）和伊拉克首都巴格达（Baghdad）的结合吧。

综上，阿拉丁是中国人一事毋庸置疑，但阿拉丁来自泉州一说又是怎么回事呢？故事中提到，阿拉丁来自"中国的一座富饶之城"，而在中世纪，泉州作为海上丝绸之路的起点，拥有世界上最繁华、最优良的港口，中国其他地方乃至世界各地的港口都无法与之比肩。

泉州有三座方济各会大教堂和七座清真寺，人口中有四万是穆斯林。其中，清净寺始建于 1000 多年前，是中东地区之外最美丽的伊斯兰教寺。时至今日，泉州仍存有数以百计的穆斯林和基督徒古墓碑。这座城市宗教云集，几乎接纳了世界上的所有宗教。这也是为何，1991 年联合国教科文组织到泉州考察时，一位官员将泉州誉为"世界宗教博物馆"了。

伟大的阿拉伯旅行家伊本·白图泰（1304—1369 年）足迹遍及亚非欧大陆，行程超过 12 万公里，游至刺桐时也不由盛赞刺桐港是世界上最大的良港。彼时，中国商人借助磁罗盘这一创新发明，从泉州扬帆起航，带着中国的绸缎、茶叶、铁器和其他畅销珍品，前往世界各地，然后买回象牙、珍珠、玳瑁、犀牛角等商品。东非的摩加迪沙人和基林迪尼人珍爱泉州德化白瓷，但中国丝绸才是最受青睐的瑰宝：锦缎和红绿丝绸运到越南；印花绸送抵泰国；染色缎运到马来西亚；花卉图案的丝绸送到印尼；织锦运往缅甸；彩缎和白色丝绸运到印度；绿织锦送抵伊朗；彩绢送到肯尼亚；彩色织锦则销往伊拉克、埃及、摩洛哥和沙特阿拉伯。

古泉州确实充满传奇色彩，能孕育出阿拉丁和他的神灯不足为奇。"一带一路"倡议为泉州赋予了新的机会，搭建了更大的国际舞台，相信泉州将续写更加传奇的未来篇章。

刺桐再次崛起

在 2019 年全国人民代表大会上，习近平主席说，他曾在福建生活和工作了 17 年半，与福建有特别的缘分，这让我们福建人深感自豪。他指出，福建省不仅是古代海上丝绸之路的起点，也是 21 世纪海上丝绸之路的核心区。而纵观参与海丝贸易的整个福建，其核心区乃在泉州，或者说传奇的刺桐城——这正是习近平建议我写写这座城市的原因。

早在 20 多年前，习近平就憧憬着重现刺桐古老海丝之路的辉煌，发出共建 21 世纪海上丝绸之路的倡议。新海丝之路的规模远超从前，其意义不只是单纯的商业和文化交流，更给沿线国家带去脱贫希望——共建海丝之路是中国"要想富，先修路"理念的延续与拓展。

要想富，先修路

1994 年，听到中国人说"要想富，先修路"时，我正携家人驱车四万多公里环游中国，从沿海开到北京，再到内蒙古，接着向西穿越戈壁滩抵达西藏，最后南下驶经华南多省返回厦门，所到之处总能看见中国人在修筑公路，就连最贫穷的地方也不例外。

中国斥资数亿，在各地开展基础设施建设，就连宁夏这样被联合国教科文组织认定为穷得没有希望的地方，他们也未放弃。作为一名商科教授，我看不出这一举措背后的经济考量，我认为，中国获得的经济收益远无法抵消如此巨额的投资。但现代中国的领导人同他们充满智慧的先辈一样高瞻远瞩，正如习近平所说，仅提供物质援助无法解决贫困问题，甚至可能加剧"精神贫困"。因此，中国修路是为了提供机会，让人民通过自力更生摆脱贫困。

古语云："授人以鱼，不如授人以渔。"有了路，确实能致富，这是我2019 年再次环游中国时的亲眼所见和切身感受。即使是最贫穷的地方（如宁夏）也呈现出蓬勃发展的景象，这是中国人民和中国政府共同努力的结果——中国政府信赖他们的人民，而富于进取、敢于创新的中国人抓住了政府提供的机遇。

"一带一路"——海外版 "要想富，先修路"

凭借务实的"想要富，先修路"计划，中国——这一曾经拥有世界上最多贫困人口的国家——带领人民摆脱了贫困，这让我惊叹不已。搞好基础设施建设，财富随之而来。当然，中国人在这方面有数千年的经验。2200 多年前，世界上最伟大的基础设施项目——都江堰水利工程竣工，不仅结束了四川饱受洪水肆虐的局面，还为成都平原（至今仍是中国西部的鱼米之乡）提供了充足的灌溉水源。大运河贯通南北水路，连通陆上丝绸之路，推动了商贸繁荣。过去 30 年，我目睹了中国许多大规模基建项目，从中看出现代中国领导人比他们的先辈更有远见，更有胆魄。

谁会想到，习近平会将"要想富，先修路"理念融入"一带一路"倡议，帮助其他国家摆脱贫困呢？

我的小儿子和他的妻子在非洲做医疗志愿者，他说，即使在非洲最偏远的地方，也能看到中国人协助修建公路、铁路、桥梁、水坝、水电站、港口和机场，帮助他们脱贫致富。

作为 21 世纪海上丝绸之路的核心区，福建和泉州将发挥更大作用，造福中国和"一带一路"合作伙伴。

除了"一带一路"，别无他选——非参与国亦如是

当然，并非所有国家都拥护"一带一路"倡议。有些国家在媒体上对"一带一路"口诛笔伐，但从实际行动上却看得出他们持拥护态度。答案很简单，他们找不到比"一带一路"更优的选择。2019 年 10 月 1 日，一批货物从印度西部那瓦西瓦港发出，一路向东运到中国沿海的福建省，然后从厦门出发，通过铁路一路向西运至乌兹别克斯坦首都塔什干。即便如此曲折迂回，也比其他路线快了近 20 天。

我想，如果世界各国同舟共济，生活在这颗小小星球上的每一个人就都能安居乐业，幸福美满。实现这一愿景，并不需要借助阿拉丁的神灯，只需学习流淌在中国人血液里几千年的美好品质——务实、坚毅、以和平谋繁荣。这是我们每个人都可以拥有的美好梦想。

潘维廉 博士
2022 年 5 月
于中国厦门

目 录

第一章 泉州一瞥

泉州的"曾用名"

新中国成立以前，中国尚未采用汉语拼音作为通用拼写标准，故而"泉州"这一地名没有统一的罗马字母拼写形式。要想在西方历史文献中查找有关这座伟大城市的记载，你或许得了解其五花八门的拼写形式。现将最常见的几个罗列如下：

Zaitun（英文单词"satin"的起源，在阿拉伯语中意为"橄榄树之城"，取自中文里泉州别称"刺桐"的谐音），变体有 Zayton，Zaytun，Zaiton，Zaithoum 和 Cayton 等。

Chinchew（Chincheo——葡萄牙人和西班牙人对"漳州"的称呼——的变体），亦作 Chin-chew，Chance，Chinchu，Chwanchow-foo，Chincheo，Ch'üan-chou，Ts'üan-chou，Tswanchow-foo，Tswanchow-fu，Ts'wan-chow-fu，T'swan-chaufu，Ts'wan-chiu，Thsiouan-tchéou-fou，Thsíouan-chéou-fou。顺便提一下，马可·波罗使用的拼写是 Tyunju。

在闽南方言中，又拼作 Chuan-chiu，Choan-Chiu，Shanju 等。

气候

亚热带海洋性季风气候
年平均气温 20.7℃，年平均降水量 1235 毫米

位置和大小

位置　东经 117°25'~119°05'，北纬 24°30'~25°56'

面积　11245 平方公里（福建省的中心城市之一）

海岸线　总长 541 公里。海滩面积 2700 公顷，海域面积 4200 公顷

常住人口　截至 2020 年 8,782,285 人，其中城镇人口 6,012,651 人（1992 年约为 196,000 人）

祖籍泉州的海外华人　750 多万，分布在 129 个国家和地区（约 76 万分布在港澳地区）。归侨、侨眷 250 多万

自然资源

野生植物 2201 种，其中珍稀濒危物种 35 种

野生动物 4000 多种，其中珍稀动物 31 种

受保护古树 407 株（27 种），红树林面积 466.67 公顷

21 个湖泊（面积共计 2983 公顷）为中华白海豚栖息地

历史遗产

"受保护的历史文化古迹"共计 505 处，包括 20 座教堂和寺庙（其中延福寺是福建最古老的寺庙，有 1700 余年历史）

六大城市博物馆，包括投资 2750 万元建设的泉州海外交通史博物馆（被认定为"国家一级博物馆"），以及投资 6000 万元建设的泉州博物馆

民俗文化

泉州是众多民间手工艺术之乡，手工艺产品有提线木偶、花灯、竹编、瓷器、木雕、根雕、妆糕人、纸织画、漆线雕、泥塑，以及具有1700余年历史的石雕。泉州还是南少林武术和闽南茶道（日本茶道的前身）的发源地。泉州设有专门的艺术学校，旨在培养年轻一代，传承并弘扬这些传统文化艺术。

第二章

刺桐的故事

"世界上没有比中国人更富有的人了。"

——伊本·白图泰[1]

（阿拉伯旅行家，1304—1369 年）

哥伦布或许最终发现了"新大陆"，但他想要踏上的其实是一片古老的土地。他曾如饥似渴地阅读《马可·波罗行纪》，坚信这位威尼斯游子启航回国的出发地泉州必定无比富庶。

---

1. 伊本·白图泰，1304 年 2 月 24 日出生于摩洛哥沿海城市丹吉尔（Tangier），公认是世界上最伟大的旅行家之一，有"旅行王子"（Prince of Travelers）之称。他于 1346 年到达当时元朝南中国的主要港口泉州，在中国的时间大约是 1346 年到 1349 年。

> "应知刺桐港即在此城，印度一切船舶运载香料及其他一切贵重货物咸莅此港。是亦为一切蛮子商人常至之港，由是商货、宝石、珍珠输入之多竟至不可思议，然后由此港转贩蛮子境内。我敢言亚历山大或他港运载胡椒一船赴诸基督教国，乃至此刺桐者，则有船舶百余……此城为世界最大良港之一。"
>
> ——马可·波罗

刺桐（阿拉伯人对"泉州"的称呼，意为"橄榄树"，是和平的象征）拥有当时世界上最大的港口，可媲美埃及的亚历山大港。作为"海上丝绸之路"的起点，这个传奇古港口曾迎接过伊本·白图泰、辛巴达、郑和等人的到来。郑和曾指挥着庞大的舰队出海，比哥伦布发现新大陆还要早70年，其舰队中不乏长约11米的巨型宝船，定会让哥伦布那小小的"圣玛利亚号"相形见绌。

哥伦布未能如愿抵达刺桐，而我做到了。从我的第二故乡厦门（数百年前，厦门隶属于泉州）出发，沿着海岸线行驶，约90分钟就能到达这座传说中的"光明之城"。

刺桐的真正财富 刺桐港商旅云集，船舶如织，满载着宝石、珍珠、瓷器、丝绸等货品，给马可·波罗留下了深刻印象，但他却没看清这座传奇港口城市的真正财富所在——这方水土和这方人！刺桐城坐拥得天独厚的自然环境，风光旖旎，美如画卷，又得思想开明的居民如同伺候盆景一般，用心守护此地的一草一木、一砖一石，自是屹立千年，驰名亚洲。

刺桐背山依江面海，花园、湖泊、森林不计其数。刺桐曾有三道雄伟的城墙，呈同心圆形状，置身其中，仿若步入某个故事中的场景，故而千百年来频频触发中国诗人和哲学家的创作灵感。

无怪乎著名的阿拉伯旅行家伊本·白图泰会注意到泉州人对花园的喜爱。整座城市俨然是个巨型盆景，每位居民都用心打理——时至今日依旧如此。

绵延五千年的平衡之道　千百年来，泉州人一直像呵护自家盆景一般精心打造迷人的城市景观，其精美程度足以媲美获奖作品，但他们这么做不是为了参赛，而纯粹是为了美。他们热衷于摆弄石头、修枝剪叶，对待盆景一丝不苟，对待城市更是如此——顺应城市的独特地形，建起私家花园、社区花园、公园和城市森林，持续保护和改善环境。我想，中国人独特的平衡之道和长远的眼光正是中华文明得以传承五千年的原因。

"土地乃生命"　这句中国古话在泉州显得尤为真切。这座"光明之城"

土地肥沃，人丁兴旺，成为全球的商业和文化中心——这个"大熔炉"接纳来自世界各地的商人、外交官、哲学家和传教士，中国人和外国人和平共处，相互通婚，互相学习。

亚洲的耶路撒冷 [2] 联合国教科文组织曾授予泉州"世界宗教博物馆"的美称，因为从景教、藏传佛教到伊斯兰教，世界上的主要宗教几乎都云集于此。泉州的穆斯林据说可追溯至先知穆罕默德时代，而发源于波斯的摩尼教如今只在泉州得以幸存。泉州人不仅对多元的宗教信仰和派别纷呈的哲学兼容并蓄，在学术方面也颇有建树。泉州素有"海滨邹鲁"之誉，共出过 2454 名进士（在科举制最高级别考试——殿试中脱颖而出的精英），其中 20 位官至宰相，还有 950 名享誉全国的文人。

世界公民 泉州人广泛涉猎世界各地的哲学、宗教和学术理论，形成了独特的全球视野，在国内活得富足安逸，到了海外也能如鱼得水。今天，台湾的汉族人中有 40% 祖籍泉州，有 600 多万海外华人能在泉州寻根续缘。早在泉州成为世界人民心向往之的"光明之城"以前，福建人的力量就已经不容小觑了。

披荆斩棘的福建人 2000 多年前，吴王夫差在福建福州附近设立造船厂，造出的船只因此得名"福船"，中国伟大的海事传统也自此在福建

---

2. 亚洲的耶路撒冷：阿拉伯人称泉州为"Zaytun"，称耶路撒冷为"Zaytuniyah"，两者音似。

确立。福船高大如楼，船首安有一双"龙目"，炯炯有光，寓意识途辨路，乘风破浪，于惊涛骇浪之中保一路平安。再往前数几千年，福建闽越人中出现了世界上第一批真正意义上的远洋探险家，也是南岛语族的祖先，他们远渡重洋，从平潭岛迁徙至台湾，而后在太平洋和印度洋海域开拓殖民地，东抵南夏威夷群岛和复活节岛，南达新西兰。

据司马光记载，公元 10 世纪，从福建驶向中国北方的船只，足有四到五成迷失在茫茫大海，不知所踪！读到这里，你一定被福建人的勇敢深深折服了吧。要知道即使到了 19 世纪，香港和厦门之间的航线上依然事故频发，而早在公元 1017 年，韩国就有泉州商人到访的记载，着实令人敬畏。

泉州商人还到过中国东北和日本。苏轼曾写道："福建狡商，专擅交通高丽，引惹牟利，如徐戬者甚众。"但我认为，"如徐戬者甚众"的部分原因在于，这些人的老家平地甚少，单靠耕种无法养家糊口。

八山一水一分田　福建资源丰富，独缺平地。山多坡陡的福建，要是摊平来看，定会跃升为中国面积最大的省份。1000 多年前，福建大举开荒，疏干毒气弥漫的沼泽地，填海造田，但即便如此，耕地资源仍然不足。可困难吓不倒勇敢的福建人，他们另谋出路，做起了生意，终闯出自己的一片天。

诚实守信的福建人 数百年来，福建人不仅经商才能卓越，诚信方面也令人无可指摘，在海内外享有盛誉。1912 年，腓力普·威尔逊·毕牧师（Reverend Pitcher）在《厦门方志》（*Inand About Amoy*）中如此写道：

> "……我们应该如何评价他们（福建人）呢？他们是一群很了不起的人物……

> "你也许听过有关中国人不可信的种种言论，但在生意圈里，在商业世界里，他们美名远播，是东半球最坦诚、最有良心的商人。在厦门也是如此……在交货方面，他们是信得过的伙伴。无论在交易中可能会亏多少钱，中国人总是按照合同履行义务，享有恪守诚信的美誉。"

正因有这样的人民，这样的地方，刺桐才得以成为海上丝绸之路的起点。当然，也离不开刺桐的丝绸……

> "渡大洋后，所至第一城，即刺桐也……刺桐城极扼要，出产绸缎，较汗沙（杭州）、汗八里（北京）二城所产者为优。刺桐港诚世界最大港口之一，或径称世界唯一之最大港亦无不可。余曾目睹大舣克百艘，辐辏其地。至于其他小船，则更不可胜数。"
>
> ——伊本·白图泰，阿拉伯旅行家（1304—1369 年）

海上丝绸之路　提起"丝绸之路"，很多人会想到茫茫无际的沙漠和穿行其间的驼队，但其实大部分贸易往来走的是"海上丝绸之路"，因为一艘船可以装载的货物相当于 700 多匹骆驼的驮运总量（而且船不会像骆驼那样朝你吐口水）。福建人扬帆远航，闯荡七大洋，而世界各地的人们却纷纷坐船到刺桐，采购中药材、热带水果、农产品（如安溪茶叶）、德化白瓷（德化是中国古代四大瓷都之一）等物什，当然还有福建著名的丝绸——伊本·白图泰声称中国最好的丝绸产自刺桐（英文中表"缎子"之意的"satin"一词就源自"Zaytun"〔刺桐〕）。

3000 多年前，丝绸在西方的价格堪比黄金。古罗马诗人贺拉斯（公元前 65—公元前 8 年）曾颂扬过这种织物，卢坎（公元 39—65 年）也曾写道，"克利奥帕特拉洁白的双乳……在轻柔罗襦下若隐若现……此乃赛里斯人（中国人）梭织而成的美物。"

丝绸的秘密　柔滑的内衣衬得克利奥帕特拉风情万种，勾人遐想。数百年来，西方人一直在探寻丝绸的来历。罗马学者普林尼（公元 23—79 年）在《博物志》（*Natural History*）中写道，丝长于树上。

　　"（赛里斯国）林中产丝，驰名宇内。丝生于树叶上，取出，湿之以水，理之成丝。后织成锦绣文绮，贩运至罗马。富豪贵族之夫人娇媛，裁成衣服，光辉夺目。由地球东端运至西端，故极其辛苦。"

为了守住丝绸的秘密，中国严禁生丝出口。丝织物经君士坦丁堡送往科斯岛，而后被能工巧匠分拆整理，制成罗马贵族身穿的轻薄华服。直到公元 550 年，一群景教教徒将桑蚕藏在竹筒里，偷偷运出中国，丝绸的秘密才终于为世人所知。至于制瓷，那更非易事。

刺桐的瓷器 比刺桐丝绸更受欢迎的是刺桐的瓷器。泉州德化是中国的古瓷都之一，这里出产的瓷器精美绝伦，令西方国家的统治者如痴如醉，有些君主甚至为了大量收藏瓷器而不惜亏空国库（见第十三章）。

福建——福从建来 福建有丝绸、瓷器、茶叶等珍宝，可谓是名副其实的有福之地了。

"福建之名寓意'福从建来'，这在很大程度上体现了当地百姓的处世态度。甚至可以说，这是整个省份的写照。我的意思是：他们对外国人并无敌意……除了极少数情况外，这些地区的中国人对踏入国门的异国客从未表现出反对情绪。"

——腓力普·威尔逊·毕，《厦门方志》，1912 年，第 96 页

兴衰背后 7 世纪初，也就是据传穆罕默德的两个门徒到来之时，刺桐就已经相当繁荣。紧随其后的是景教、摩尼教等各大宗教的信徒，以及各大哲学流派的拥趸。到了 13 世纪，刺桐已经成为一座规模宏大的城市，三道城墙呈同心圆状环绕，将都城由内至外分隔为宫城、内城和番区。

明朝初期，中国和印度的国民生产总值之和占了世界的半壁江山。载于《哈佛商业评论》（*Harvard Business Review*）2014 年 3 月刊的一篇文章指出，在第一次鸦片战争之前，中国经济比欧洲更开放，市场化程度也更高。英国经济史学家安格斯·麦迪森（Angus Maddison）称，直到 1820 年，中国还占有全球国民生产总值的 29%。

1432 年，第七次远航之前，郑和在福州长乐立了块石碑，上书："皇明混一海宇……际天极地，罔不臣妾……"郑和下西洋固然是一大壮举，却给朝廷和百姓带来了沉重负担，尤其是百姓，他们为造船和远航活动付出的代价并未得到任何补偿。

西方人借着海运的东风，赚得盆满钵满（麦哲伦的船队曾将带回的 26 吨香料溢价一万倍售出！），而中国组建皇家舰队出海，却主要是为了宣扬国威（当然，还有彰显皇恩浩大）。船队返航时带回的不是实用商品，而是献给皇廷（主要是腐败宦官）的奇珍异宝。

这种奢靡浪费之风曾遭到皇帝的谴责，他表示接受外番之物，乃是因为它们远道而来，满载着遥远国度的问候，但不该为此而庆祝。他的观点呼应了 1500 年前普林尼对中国人的描述：

> "……举止温厚，然少与人接触，贸易皆待他人之来，而绝不求售也。"

光明之城没入黑暗　郑和去世不久，中国关闭国门，堪称当时世界第一的海军舰队走向覆灭。15世纪初，明朝海军拥有海船数千艘，而此后短短几十年间，建造超过两根桅杆的海船即为死罪一桩。

1525年，明朝皇帝下旨销毁所有远洋海船，逮捕出海的商人。可惜，离郑和时代过去不到百年，传说中的光明之城就已黯淡无光。

光明之城重现光明　刺桐在外国人眼中是如此辉煌繁荣，以致有些人误以为它是中国的首都！1515年，焦万尼·达·埃姆波里（Giovanni da Empoli）写道："大汗即国王，人们称之为契丹之王……最终抵达刺桐，据说国王就住在那里。"但随着贸易被禁，港口淤塞，神秘的光明之城陷入黑暗。幸而改革开放的阳光照亮了这片土地，泉州的年轻一代对历史无比自豪，对未来满怀憧憬，泉州再次崛起，成为全球商业和文化中心。

GDP增长位居第三　尽管泉州沉寂了几个世纪，现代泉州人仍掌握着老祖宗传下的生意经。在参与国际花园城市竞赛并摘得两项金奖前的10年之间，这座古城重新焕发活力，年均GDP增长率达26%，在中国前212座城市中位居第三。现在，泉州人正在利用新积累的财富，把城市建设得更加宜居。

重回花园城市　泉州人再次拿出花在自家花园和盆景上的功夫和耐心，精心打理他们的城市家园。泉州的花园城市建设工作扎根于群众，而不是单靠政府官员高喊"一个地球"口号、自上而下推行的。比如说，泉州的年轻人用了短短 4 年时间，投入 130 万工时，种下了 600 多万棵树。到 2021 年，造林总面积已达 71,600 公顷。

从私家花园到社区花园、城市公园、森林和湖泊，泉州人同以前一样，依托独特的自然环境建设自己的城市，而不是破坏环境以谋求城市扩张。

城墙旧貌换新颜　一度因城墙闻名的泉州耗资 10 亿元修筑了新的城墙。新城墙拥有壮观的城垛、塔楼和城门，再现了刺桐古城的风韵。同时，新城墙也颇为实用：防洪御灾；提供美丽的路边花园和森林供人们休闲娱乐；平行的环城公路有效地分流车辆，减少交通拥堵和环境污染。城墙内的空间也派上了用场，一排排店面出租后，摇身变成商店、办公区和咖啡馆，让泉州人尽情燃烧创业热情。

马可·波罗笔下的刺桐港

"离福州后，先渡一河，然后向东南行五日，见一美地，城市民居接连不断，一切食粮皆饶，其道经过山丘、平原同不少树林，林中有若干出产樟脑之树，是一野味极多之地。居民恃工商为活，臣属大汗而隶福州。行五日毕，则抵壮丽之城刺桐。

"应知刺桐港即在此城，印度一切船舶运载香料及其他一切贵重货物咸莅此港。是亦为一切蛮子商人常至之港，由是商货、宝石、珍珠输入之多竟至不可思议，然后由此港转贩蛮子境内。我敢言亚历山大或他港运载胡椒一船赴诸基督教国，乃至此刺桐者，则有船舶百余……此城为世界最大良港之一。

"大汗在此港征收税课，为额极巨，凡输入之商货，包括宝石、珍珠及细货在内，皆值百抽十。商人细货须付船舶运费值货价百分之三十，胡椒百分之四十四，沉香、檀香及其他粗货百分之四十，则商人所缴付王之税课连同运费，合计值抵货物之半价，然其余半价尚可获大利，致使商人仍欲载新货而重来。大汗在此港征收税课，为额极巨。

"此处一切生活必需之食粮皆甚丰饶。其地堪娱乐，居民颇和善，乐于安逸。在此城中见有来自印度之旅客甚众，特为刺青而来（语见第一二六章），盖此处有人精于文身之术也。

19

"并知此刺桐城附近有一别城，名称迪云州，制造碗及瓷器，既多且美。除此港外，他港皆不制此物，购价甚贱。此城之中磁市甚多，物搰齐亚钱一枚，不难购取八盘。

"此迪云州城，特有一种语言。'尚应言者，蛮子全境各地有种种方言，犹之吉那哇人、米兰人、弗罗郎司人、阿普里人各有一种语言，仅有本地之人能解，第蛮子全境仅有一种主要语言，一种文字也。

"大汗在此崇迦国中征收课税甚巨，且逾于行在国。

"蛮子九国，吾人仅言其三，即行在、扬州、福州是已。其余六国虽亦足述'，然叙录未免冗长，故止于此。

"由前此之叙述，既使君等详知契丹、蛮子同其他不少地方之情形，于种族之别，贸易之物、金银，与夫所见之其他诸物，悉具是编……"

（马可·波罗著，亨利·玉尔（Yule-Cordier）版本，第二卷，1903年版和1920年补遗，参考冯承钧译《马可·波罗行纪》）

数之不尽的文化传统　泉州正在重建文化遗址，重拾文化传统，并为之注入新的活力。这曾是一座商人之城，一座教育家之城，一座哲人之城，一座包容了天下几乎所有宗教信徒之城，同时也是提线木偶、南少林功夫和南音的发祥地。泉州生产的珍贵白瓷如今仍骄傲地陈列在世界各地的博物馆里。具有 1700 多年历史的惠安石雕吸引着四方游客和买主慕名而来。

这里还有几十处建筑遗迹，包括伊斯兰世界的十大清真寺之一、世上最后一处波斯摩尼教寺庙遗存，以及诸如洛阳桥和安平桥（世界上最长的石桥）这样的古代工程奇迹。让泉州闻名海外的还有当地独特的美食，当然，还有那引发了波士顿倾茶事件的安溪茶叶。

地上，不是地下　有些专家称，泉州考古发现的历史文物数量仅次于北京和西安[3]，多于中国的其他城市，不过泉州人立马反驳："地下看西安，地上看泉州！"

3.《认识泉州：中国福建中世纪古港的考古学研究》（*Learning About Quanzhou: the Archaeology of a Medieval Port in Fujian, China*），理查德·皮尔森（Richard Pearson）、李民、李果，加拿大英属哥伦比亚大学人类与社会学系。

周游泉州——游玩攻略

泉州的一本官方手册上写着："2000 处海内外知名旅游景点"，那么到底该从何处玩起呢？我总结了自己几十次的泉州旅行经验，整理出一份简单的游玩攻略。

海外交通史博物馆　泉州之行的第一站当属联合国教科文组织资助的泉州海外交通史博物馆——这是中国规模最大、最好的海外交通史专题博物馆！馆内提供双语讲解，展品让人大开眼界，定会让你在惊叹古代中国非凡的海事成就之余，深入了解古代泉州在国内和国际事务中举足轻重的作用。参观完海交馆，就朝市区进发。

中山路历史文化街区　历史悠久，早在 1000 多年前就热闹非凡，曾有游客称其"令人陶醉"。遥想过去，珠宝街上宝石、珍珠、金饰比比皆是，整个地球没有一处比得上这里。

"中山路整治与保护"项目曾获得联合国教科文组织亚太地区遗产保护优秀奖。中山路上绿树成荫，与红砖古厝相映成趣，沿街漫步即可欣赏到十来处主要景点（要是你有本事叫醒车夫，亦可以三轮车代步）。泉州我已游览过 30 多次（地道的泉州美食我也尝了个遍），不妨看看我列出的简单行程推荐：

市区景点

艾苏哈卜清真寺　又名清净寺，伊斯兰世界十大圣地之一。

锡兰侨民旧居　背靠旅游购物商城。

关帝庙　与锡兰侨民旧居毗邻而居。

中国古建筑　修葺一新成为商店。

文庙　在清净寺西侧，步行只需 10 分钟。不错的文学博物馆。

铜佛寺　内有公园、湖泊和亭台。

小街小巷　暗藏乾坤，比如可通往古代官员的宅邸。

基督教泉南堂　泉州的新教教堂超过 170 座。

牙科诊所　诊室内挂着一块大有来历的匾额，上面有孙中山先生的题字。就在钟楼附近，靠左边。

钟楼　及时出现的地标，可帮助你辨别方向。

开元寺建筑群　包括东西塔、泉州佛教博物馆和泉州湾古船陈列馆，位于钟楼西侧。

培元中学　100 多年前由英国长老会的一位传教士创办，内有孙中山先生及其夫人宋庆龄女士的题词。

中山公园　是个稍作休息的好地方，附近商店林立，其中一家位于南门入口处，专卖各种工艺品。

美食　我移居中国主要是因为美国的中餐太贵了——泉州的美食正合我意。先读一读本书有关泉州美食的章节，心中有数，再从泉州数百家好餐馆中随便选一家尝尝，或者到木偶店东边的美食街逛逛，走路大约15分钟。

天后宫　祭祀海神妈祖的庙宇，位于泉州古城南端。

"飞天迎宾"城雕喷泉　位于温陵南路与泉秀街交汇处。

市郊景点

伊斯兰教圣墓　在海外交通史博物馆东边。

泉州华侨历史博物馆　许多海外华人华侨祖籍福建，其中又以泉籍（尤其是晋江）居多，所以有了这家博物馆。

清源山　位于泉州北郊，景点众多，包括中国最大的道教石雕和藏传佛教"三世佛"石雕造像。

南少林寺　南派少林武术的发祥地，现任方丈释常定正努力带领泉州武术走向全球。

洛阳桥　我最喜欢的景点之一，位于泉州东北郊。

九日山　古代海上丝绸之路的正式起点，位于城西数公里处。

石笋　象征生殖崇拜的图腾（我们留待以后再讲）。

温陵美食街　一条专门贩售当地美食的小巷。

公园和花园　泉州有许多公园和花园，记得留心观赏如盆景一般精致的城市景观哦。

出发！游览泉州下辖县市

惠安（崇武古城、惠安女、世外桃源般的海滩、中国最好的石匠）

南安（郑成功的故乡、蔡氏古民居、安平桥——世界上最长的石桥）

晋江（世上最后一处摩尼教寺庙遗址、陈埭丁氏宗祠、磁灶古窑址）

安溪（茶叶之乡，安溪茶叶曾引发波士顿倾茶事件）

德化（古老的瓷都，白瓷的发源地，出产的白瓷深得世界各地收藏家和博物馆的喜爱）

永春（中国香都、东关桥）

石狮（中国休闲服装名城、姑嫂塔、石狮海洋世界）

　　无论是古老的刺桐城，还是现代的泉州城，都有许多值得一看的地方。要想同时领略古今两种风情，建议你把海外交通史博物馆作为第一站。

泉州海外交通史博物馆（国家一级博物馆）由联合国教科文组织资助兴建，大堂墙上挂着联合国教科文组织的十六字寄语，"和平友谊、文明对话、回顾历史、展望未来"，道出了泉州人民的心声。

越是回顾过去，我就越发觉得中华民族是爱好和平的民族。即使是史上最伟大的军事著作《孙子兵法》也告诫道，战争是不得已而用的最后手段。老子在《道德经》第三十一章写道：

  "夫兵者，不祥之器，物或恶之，故有道者不处。君子居则贵左，用兵则贵右。兵者不祥之器，非君子之器，不得已而用之，恬淡为上，胜而不美，而美之者，是乐杀人。夫乐杀人者，则不可得志于天下矣。吉事尚左，凶事尚右。偏将军居左，上将军居右。言以丧礼处之。杀人之众，以悲哀莅之，战胜以丧礼处之。"

要不是中国人骨子里感兴趣的是贸易而不是征服，早在1000多年前他们就能轻而易举地统治我们的星球了，那么今天你也看不到人们在全球连锁的麦当劳里吃汉堡薯条的样子，取而代之的是在麦当米（McRice）里挥动筷子。

孙子兵法，和平之道

1861年，身在福州的美国传教士罗伯特·萨缪尔·麦克雷（Robert Samuel Mac Clay，1824—1907年）在其富有见地的《生活在中国人中间》（*Life Among the Chinese*）中说明了为何自孔子以降，中国人便宁以理服人而不愿兵戎相见：

  "军人在中国社会的等级中处于最低级，我们认为这种等级安排符合中国对战争的态度。中国人若听到别人说他们'缺乏好战精神'时，丝毫不认为这是对他们品格的贬低。'我们不是崇尚武力的民族，'中国人说，'我们是崇尚诗书的民族。我们以理智而非蛮力定义权利与特权；以论辩而非刀剑裁决争议。'"

1000 多年前，中国拥有庞大的海军，武器装备之精良远超西方国家的想象，有大炮、巨型弩弓、地雷和水雷等。

早在 2000 年前，中国便拥有先进的造船技术。当时，中国已经造出了吃水极浅的明轮战舰，可以长驱直入登上陆地。中国造船业的辉煌一直持续到 19 世纪。

"1822 年 2 月，英国'印第安纳号'在穿越加斯帕海峡时，途径一商船失事海域，发现沉没货物和落水船员，船长帕尔组织救援，1600 人中有 198 人获救。'印第安纳号'载着获救人员一同离开厦门，在坤甸登陆。"[1]

想象一下，约 200 年前的一艘帆船竟能装载 1600 多人！然而，等你在海交馆了解到郑和下西洋时期的宝船，就会觉得前者未免相形见绌。著名的阿拉伯旅行家伊本·白图泰如此描述宏伟的"刺桐船"：

---

1. 威廉姆斯（Williams），《中国丛报》（*Chinese Repository*）第六卷第 149 页，引自《马可·波罗行纪》第七章第 252 页。

"大船有十帆，至少是三帆，帆系用藤篾编织，其状如席，常挂不落……每一大船役使千人：其中海员六百，战士四百，包括弓箭射手和持盾战士以及发射石油弹战士……此种巨船只在中国的刺桐城（泉州）建造，或在隋尼凯兰（广州）建造……船上造有甲板四层，内有房舱、官舱和商人舱。官舱内的住室附有厕所，并有门锁，旅客可携带妇女、女婢，闭门居住……有时旅客在官舱内，不知同舟者为何许人，直至抵达某地相见时为止……中国人中有拥有船只多艘者，则委派船总管分赴各国……"

——伊本·白图泰

中国军事发明速览

公元前 4 世纪　化学战——牛皮制成的风箱把熊熊燃烧的干芥末和其他有毒物质产生的毒气喷向敌军，比一战的芥子毒气早 2300 年。

公元 1 世纪　适用于浅河道的明轮战舰。

公元 9 世纪　采用人体排泄物、附子草、乌头、巴豆油、亚砷酸盐、硫化砷、灰烬、桐油、皂豆荚等有毒物质混合火药制成的手榴弹和炸弹，可产生黑烟以掩护行动或迷惑敌人。

公元10世纪 火焰喷射器、照明弹、烟火、炸弹、手榴弹、地雷、水雷、火箭和多级火箭。

公元11世纪 船上的水密隔舱（西方直到19世纪中叶才出现）。

公元13世纪 枪、火炮、臼炮和连发铳。

中国人的秘密武器

与西方商人不同，中国人从来不拿着枪杆子从事贸易活动，因为他们手握更强大的"武器"，走出了一条互利共赢的可持续发展道路。1861年，福州传教士麦克雷如此描述这种"武器"：

"中国国土以外的一些岛屿以及东印度群岛的很多岛屿都曾被中国占领过；而且在早期，亚洲东部半岛的每个国家，中国人分布广泛，影响深远。一个值得注意的事实是，每当中国移居他乡时，他们优越的文明迅速让他们超越本地居民。

"凭借智慧、勤奋和生意头脑，中国人几乎垄断了所有重要、高回报的劳动部门，商业尽在指掌之间。他们成为所在社区的中坚力量和领导人物……"

——麦克雷，1861年

徜徉在海交馆里，你会感受到中国人自古以来崇尚的和平共处、共生共荣理念缓缓浸润你的心田，这也是我一次次不厌其烦地带领中外朋友前来参观的原因。让我们先从二楼右侧的"中国舟船世界"陈列馆看起。

中国舟船世界

走进陈列馆，不妨先通过一段影像来了解造船的历史。视频讲述了古人如何从浮水渡河（把数个空心葫芦绑在一起，缠在腰间）到制造出竹筏、独木舟、兽皮船等各种大大小小的船只。我赫然发现一幅绘于2000多年前的赛龙舟古画，画中场景与今日的龙舟赛相差无几。福建人应当是最擅长划龙舟的，因为他们是世界上第一批远洋探险家，五六千年前就踏上了太平洋和印度洋诸岛（东抵南夏威夷群岛和复活节岛，南达新西兰）——这点不仅有考古学家和语言学家的观点支撑，也有DNA分析作为佐证。

西藏牛皮船　我曾听过不少在上世纪五六十年代援藏的厦大校友讲过，进藏途中，他们得乘坐这种由牦牛皮条做成的小圆舟，在波涛翻滚中渡过冰冷的江面。他们的勇气与无私奉献精神感染了我。今天，中国也有无数这样的志愿者深入内蒙古、西藏、新疆、海南岛等地，挥洒青春热血。

陈列在牛皮船旁边的是一只漆得很漂亮的独木舟，由台湾东海岸岛屿少数民族高山族雅美人亲手打造。它让我想起了美洲原住民在仪式上常用的独木舟。

羊皮筏　我提到中国人用羊皮做成气囊，将它们绑在木竹架上制成筏时，朋友们都以为我在开玩笑。船模后面的墙上挂着一张羊皮筏的照片，那只巨大的筏子由 700 多张羊皮制成！我曾在长江划过一只小的羊皮筏，不由得再次为中国船民的勇敢所折服（有的人以船为家，一辈子从未踏足陆地，直到习近平出台一系列政策，为船民提供住房、工作、医保，并为船民子女提供受教育的机会，这种情况才发生变化）。

微缩船模　一艘艘繁复精细的船模映入眼帘，正是中国璀璨的舟船航海技艺和先进造船技术的缩影。中国讲究根据用途、气候和水情（比方说，海面是波涛汹涌还是风平浪静，气候是炎热还是寒冷）来设计船只。我最喜欢的是船头向上翘起的船只，据说这样设计是为了更好地利用强大的水流，产生前进的推力——虽然我不知道他们回程时要怎么办。

豪华船屋　只有外国人和中国富人才购置得起豪华船屋。炎炎夏日，你可以在福建的海面上看到它们优雅的身姿。当我窝在泉州，汗流浃背地撰写本书时，多希望自己能坐在中式船屋上。

打绳结　海交馆曾设有一个不错的绳结展台，可惜后来撤了，也许是因为前来体验打绳结的小姑娘实在太多，人满为患吧（译者注："打绳结"的英文 tie the knot 有喜结连理之意）。几个月后，有人尝试复办绳结展，但做得有点敷衍，不过是在柱子上挂了几根磨损的绳段，又将一些打好的绳结精致地装裱进镜框，挂在几面墙上。而且与以往的展览不同，没有提供指导说明。所以，我的朋友吉姆（Jim）打绳结时脑子里一团乱麻，很快就黔驴技穷了。

指南针 同样用来指示方向的仪器，西方人称之为"指北针"，而中国人却坚持管它叫"指南针"。我想，既然这是中国人的发明（他们还发明了很多其他东西），他们爱怎么叫都行。西方人曾经对指南针的原理一无所知，指南针刚传入欧洲时，船长竟然禁止水手吃洋葱，唯恐这种灵巧的设备受到干扰。

国姓爷郑成功 这位民族英雄出生于日本，母亲是日本人，父亲是泉州人。馆内的画作、船模、郑成功电视剧片段（我还客串了台湾末任荷兰总督一角）以及配有声光和动作的立体透视模型，生动形象地再现了郑成功从贪婪的荷兰侵略者手中夺回台湾的那场伟大战役。

展品上的旗帜 严谨起见，我还是得指出，有两艘荷兰船上挂的是法国国旗，而不是荷兰国旗。这两个国家的国旗都有红白蓝三色条纹，但荷兰国旗的条纹是横向的，法国国旗的条纹是纵向的。我想或许是这些细节过于细微，不易察觉。

我尝试向博物馆的工作人员反映这个问题，多番沟通下来，得到的答复是："荷兰和法国嘛，都是外国。"她略做停顿后，又开玩笑说："郑成功 300 年前就跟他们打过仗，没准荷兰和法国从那以后互换了国旗。"

立体透视模型与陈列　往上一层的东侧陈列着令人赏心悦目的立体透视模型，旧日的木船建造场景在眼前徐徐展现，几百年来似乎没有太大变化。渔船、宝船、战船的模型有好几十个，生动展现了中国古代出神入化的造船技术。这些挂上风帆的船只具有令人艳羡的稳定性，过去几十年已有许多设计师认识到这一点，开始将中式帆装应用到西方的快艇和帆船上。

得益于船只的创新、航海技术的进步、海图绘制方法的成熟以及指南针的发明，许多像郑和一样的中国航海家几乎行遍世界。事实上，前英国皇家海军潜艇编队指挥官加文·孟席斯（Gavin Menzie）曾宣称，最早发现美洲新大陆的是郑和船队，而不是哥伦布。为了阐述自己的观点，他撰写了《1421：中国发现美洲》（ *1421: The Year China Discovered America* ）一书。尽管这些观点在我看来有点站不住脚，但至少在西方世界激起了水花。

郑和

郑和是中国历史上最杰出的探险家，出身穆斯林世家，是布哈拉（位于乌兹别克斯坦南部）国王的后裔，其祖父是蒙古人，曾任云南行省平章，坚持与明朝对抗到最后一刻。1381年，明朝大军攻下云南后，阉割了成千上万的年轻人，其中就有郑和。这对于那些梦想成年后娶四房媳妇的穆斯林小伙儿来说，是一项极为残酷的刑罚。然而，郑和凭借自己的聪明机智得到了燕王朱棣的赏识。后来，朱棣篡夺侄子皇位，任郑和为正使太监，率舰队出使西洋。

担任正使的28年间，郑和受命七下西洋，规模最大的一次率领大小船舶至少317艘，随行人员达37000人。他们从高丽航行至南极洲，又绕过非洲进入大西洋。郑和的航海范围之广前所未有，往后的数百年里也无人能及。

1405年，郑和率领62艘船和27800人第一次下西洋，首次航行非常顺利。1409年第三次航行期间，郑和船队遭锡兰国国王派兵围攻，遂趁敌军倾巢而出、国中空虚，带领随从突袭锡兰王城，生擒国王并将其押回中国。时至今日，锡兰王子的一处住宅仍矗立在泉州清净寺东侧（毗邻古庙）。

唉，郑和的第七次远航竟成最后一次。彼时的皇帝认为世界其他地方没有中国需要的东西。郑和逝世后，中国的对外贸易也开始走下坡路。几十年后，郑和下西洋的档案资料被销毁一空，朝廷严令禁止人们擅自出海，刺桐城的伊斯兰教徒日益遭到迫害，遂改姓中国姓氏，逐步融入汉族社会——这种融入堪称完美，到了 20 世纪 90 年代，一些回民甚至并不知道他们的祖先是中东的阿拉伯人，直到研究人员告诉他们，才终于如梦初醒。

（改编自《魅力厦门》，潘维廉著，厦门大学出版社出版）

"世界宗教博物馆"

联合国教科文组织把泉州称为"世界宗教博物馆"，这一点不足为奇。今天，有数以万计的泉州人是刺桐城早期外来定居者的后裔，他们带来的不止有伊斯兰教，但凡你能想到的世界其他宗教也都随之来到了泉州。这一点从博物馆里陈列的外国宗教物品中可见一斑。

外国人涌入古刺桐城，不仅从事商品贸易，还与中国人交流文化、哲学和宗教。海交馆内成千上万的宗教古物让我们意识到，刺桐城的确曾是"亚洲的耶路撒冷"，几乎每一种宗教都能在此找到归属。

大厅左侧的第一层展示着近几十年来出土的宗教文物。由于出土文物数目庞大，人们不得不将它们散置在博物馆后边的空地上（因此也就有了后来的泉州伊斯兰文化陈列馆）。

上世纪初拆除城墙期间，泉州出土了150多方伊斯兰墓葬石刻和宗教石刻断片等，其中大部分来自波斯一带的不同城市。

阿拉伯人的血统 中国古代统治者非常看重穆斯林的经商才能，让他们在省市级政府担任高官要职。穆斯林后裔蒲重庆先生在永春经营着一家制香厂，他的祖先于1200年左右来到泉州。据蒲先生说，他的先祖之中，有一位便是泉州市舶使、后任福建行省中书左丞的蒲寿庚，还有一位在中国西南省份四川省重庆担任总督。但外国人被权力冲昏了头脑，激怒了汉人。当他们试图掌权时，汉人便对其严格管制，要求这些外来者安分守己，于是不少外国人去往他处。

汉化的穆斯林 今天仍有许多穆斯林后裔居住在泉州，但他们已完全融入当地，几乎与汉族人无异。当年刺桐城的外国人为避免与中国邻居发生冲突，便改用中国人的姓氏。现在的百崎乡有一万多阿拉伯人的后裔，都姓郭。他们并不知晓自己有阿拉伯血统，直到近年来的历史学家将这一事实公之于众。云鹿村卜、黄二姓的人也是近年来才知道他们都是阿拉伯人蒲寿庚的后裔（蒲寿庚在宋元时期主管海上贸易）。

三角和计算器　穆斯林在开展贸易的同时，也促进了知识的传播。西方科学和数学的发展很大程度上要归功于阿拉伯商人，是他们带着比丝绸、瓷器和珍珠等更为珍贵的数学和科学知识宝库，从古刺桐城启航，将其传播到世界各地。

比如说，帕斯卡三角的发现者并不是法国伟大的哲学家布莱兹·帕斯卡（Blaise Pascal，1623—1662 年），而是早其几个世纪的中国人。帕斯卡还享有发明了世界上第一台机械计算器的美名，殊不知早在几百年前，中国人就已经用算盘来进行运算了，这算盘在中国商人或收税者手中运用起来可谓是精确至极。

石刻　博物馆里的伊斯兰教石刻上写有中文和阿拉伯文，但难以辨读。阿拉伯文通常引用《古兰经》或诗歌中的句子，而对应的汉语翻译则直截了当得多。如一方元朝石碑上用阿拉伯文镂刻着引自《古兰经》的语句，而汉语只是简单地写着"康将军卒于四月初一。"

有两块石头很让我喜欢。一块是 1978 年在西南城门外发现的，上面写着"死亡之箭已射出！"另一块是 1946 年从南城门出土的，刻有引自《古兰经》的语句（第 9 章第 21 至 22 节和第 55 章第 26 节）和一首苏菲派诗："死亡如同水杯，世人皆饮水其中。"

基督教遗迹 馆内收藏着 40 多件基督教遗物，铭文累计近千行——是同类中最大的藏品。1947 年，东城门城基内出土了许多元代墓碑，刻有不同文字，包括汉字、拉丁文、叙利亚—土耳其文（用叙利亚文书写的土耳其文本），甚至还有与众不同的八思巴文（脱胎于藏文和汉文的一种文字）。

当清源山上三尊佛像的泥塑层被剥离后，掩盖在汉传佛教形象之下的真面目呈现出来——竟然是喇嘛教石雕佛像！由此，泉州发现的遗产还包括藏传佛教。也许，景教教徒和藏族人一起到过这里！

景教教徒拥有高超的医术，走到哪儿都广受欢迎，而且每到一处就建立语言中心，将他们的经文翻译成当地语言。

景教教徒曾进入西藏传教，一些史学家认为，藏族人从景教的教派惯例（为了取悦一位渴望取悦其已故祖先的帝王，该教派将祭拜祖先纳入教义）中沿袭了祭拜亡者的仪式。从墓碑里，我们可以看到景教与本土宗教文化融合的尝试——四翼飘带天使跌坐于云彩上，手捧莲花十字架，像极了佛教中的"飞天"菩萨。

曾有一时，景教教徒遍布中国各地，一位大主教就在刺桐城建立了景教中心。但是没过多久，景教就销声匿迹了。

有些墓碑是天主教方济各会的，如安东尼厄斯（Antonius）主教和死于
1313 年的巴尔·所罗门（Bar Solomon）主教。令我惊讶的是，创始人
去世不到百年，信徒们何以背井离乡，漂泊至此。后来，我从安德烈·佩
鲁贾（Andrew of Perugia）的有关史料中找到了答案，他是刺桐城方济
各会的第三任主教，曾监督东城门外方济各会教堂的建设。我很高兴看
到他的墓碑石被展出。

1946 年，安德烈主教墓碑石发现于通淮门城垣附近的城基，上刻有拉
丁文碑铭："此处安葬着安德烈·佩鲁贾，圣方济各会士……（耶稣基
督的）宗徒……"

印度教遗迹　博物馆展出了在泉州发现的 300 多件印度教建筑和雕塑断
片。许多断片发现于通淮门附近，这表明泉州东南一带可能曾经有过某
座印度教寺庙。

1933 年，县后街的一座小庙里出土了一尊大象向湿婆教派林伽献莲花
的石雕像。1934 年，南校场的工人们挖掘出一尊四臂毗湿奴立雕像，
持海螺、轮盘、金刚杵和无畏印等法宝，立于半月形的莲座上。泉州商
人和印度泰米尔行会关系密切，因此印度教在泉州盛极一时，即使是古
老的佛教寺院开元寺，在重建时也加了几根印度教圆柱。

摩尼教遗迹　一路参观下来，终于来到摩尼教遗迹前。一些犬状的怪异石雕旁边附有铭牌，说这些雕刻类似亚述艺术，我便猜想它们是摩尼教的。顺便一提，花岗岩雕刻的摩尼光佛其实是复制品，真品在地球上最后一处摩尼教寺庙遗址里（位于晋江市东南部）。

泉州唯一的犹太教遗迹?　2001 年 10 月 10 日，新华社报道称，古德济门处挖掘出一枚有六芒星图案浮雕的抱鼓石，有人认为，这或许能为泉州曾有犹太人居住提供一个考古依据。在我看来，这大概不是犹太人的。最早使用六芒星的并非犹太人，而是印度人。印度教里，六芒星由两个正三角形组成，一个指上，一个指下，在泰米尔语里分别称为"Om"和"Hrim"。迦百农有一处建于罗马时代的犹太教堂遗址，其建筑上出现的六芒星被证实是犹太教的"大卫之星"。这样看来，泉州的这块石头有一天或许会被证实是源于犹太教——如果它能经受风吹雨打而存留下来的话。经过好几个月的寻找，我终于发现它被搁置在天后宫的露天寺院里，没有保护措施。

从阿拉伯商人到安德烈·佩鲁贾主教，许多资料证实刺桐城曾住有大量犹太人。其中，安德烈主教在 1326 年 1 月的一封信中提到，刺桐城的犹太人非常顽固，拒绝接受基督教的洗礼，令他感到遗憾。

还有一本颇具争议的书叫《光明之城》（*City of Light*），据说这本书翻译自犹太人雅各·德安科纳（Jacob d'Ancona）的游记，他比马可·波罗更早到访刺桐城。书中写道，刺桐城有 2000 名犹太人，还有好几万散居在中国其他地区，他们的祖先早在"族长时代"就来到刺桐。有人说失踪的以色列十支派就在中国。

刺桐城对外国宗教的开放态度

"西方推崇的天主学说，与中国道理大相悖戾，国家任用此等基督教徒，乃因他们深谙数理。切勿忘记。"

——康熙皇帝

"经过许多城市和村镇，我来到一座名叫刺桐的繁华城市，我们方济各会在该地有两座寺院……这座城市有博洛尼亚的两倍大，城中有许多寺院，人人都是善男信女。我参观了一座修道院，那里有 3000 名修士。这里是世界上最美好的地方之一。"

——鄂多立克修士 [2]（1323—1327 年间在中国）

刺桐城曾有七座清真寺，其中六座陆续在历史的长河中消失不见，而唯一留存下来的艾苏哈卜清真寺也不复往日的宏伟壮观，不过一具空壳罢了——然而基督教甚至连空壳子都没能留下。无论是安德烈主教用帝王

---

2. 鄂多立克修士：1322 年与詹姆斯修士（爱尔兰人）一同到达广州，然后步行前往刺桐城。传说他将四位在印度殉教的传教士的遗骸带到了刺桐城，并安葬在那里。

的钱财建造的方济各会大教堂，还是其他天主教堂和修道院，或是景教教堂，如今都已无迹可寻，只剩下几十方石刻（它们能够保存下来，多亏了当地历史学家吴文良的努力）无声诉说着历史。所幸我们还存有安德烈主教的家书。

刺桐城第三任主教 安德烈·佩鲁贾是刺桐城方济各会的第三任主教，主持刺桐城两座方济各会修道院中的一座（另一座则由佛罗伦萨的彼得主管）。安德烈主教曾监督刺桐城东门天主教堂的修建，这座教堂的修建不仅得到皇帝恩准，还获得了朝廷拨款。下文摘录自安德烈主教的家书，读来饶有兴味。他在信中花了很多笔墨描述外国人社群的规模、中国东道主的富有，以及中国人对贸易、哲学和宗教的开放态度。

安德烈主教的家书

"安德烈·佩鲁贾，代表方济各会修士，在主教的神圣授权下，祝愿佩鲁贾的修道院神父沃尔登修士在主的保佑下，永远健康、安宁！

"……尽管一路舟车劳顿，多次染病，危险重重，甚至连我们的长袍和祭披都被人抢走，但在主的保佑下，我们终于到达元大都，也就是大汗的所在地，据我估算，此年乃是1308年，即上帝化身之年。

"在大主教得到正式任命后……我们得到了帝王馈赠的阿拉法，用来购买衣服和食物。阿拉法是帝王赐予诸侯国使节、说客、勇士、各类艺术家、吟游诗人、贫民以及各种不同境况人士的薪俸。这些薪俸的总额超过了好几个拉丁国家君主的收入和开支。

"这位伟大帝王的财富、智慧和荣耀无可争议，可称得上溥天之下，莫非王土；率土之滨，莫非王臣。他的帝国体制优越，举国上下无人敢与邻居拔刀相向。我将不再赘言，因为只言片语无法描绘我的所言所闻，听者也可能会觉得不可思议。就连身处该王国的我听到一些传闻，都难以置信……

"海岸边有一座大城市，在波斯语中称为Zaytun；城中有座又大又漂亮的教堂，乃由一位富裕的亚美尼亚女士出资修建，大主教本人按照自己的意志将其建成主教座堂。那位女士在其有生之年及临终前立下的遗嘱中，将教堂及大部分物品捐赠给了主教杰拉德修士和那些跟随他的修士，因此他成了教堂的第一任主人。"

第二任泉州主教佩雷格林（Peregrine）于 1323 年 7 月 7 日辞世后，教堂遂由安德烈主教继承。安德烈继续写道：

"我筹建了这么一座方便而美观的教堂，它建在城外约五分之二公里处的树林里。这座教堂的每一间办公室都足以容纳二十二名修士，四间套房的任何一间都能很好满足任何等级教会高僧的需要。我继续住在这里，靠帝王馈赠的津贴过日子。这份津贴的大部分被我用来修建教堂；我知道，它是如此雅致怡人，省内教区没有任何一座修道院可与之相媲美……

"实际上，在这个庞大的帝国，各个民族、各种教派、所有的人都可以按照自己的信仰自由地生活……因为他们持有这种观点，或者说这种错误的观点，认为每个人都可以从自己的宗教信仰中获得救赎。尽管我们可以不受限制地自由传教，然而，在犹太人和撒拉逊人中，确实没人改变信仰，但其中很多善男信女都接受了洗礼；不过，事实上很多受过洗礼的人都没有正确地走上的基督教之路……

"再见了父亲。以上帝的名义，从今日直到永远。公元1326 年 1 月于刺桐城。"

第四章

游览现代泉州市区，领略古老『海丝之路』魅力

艾苏哈卜清真寺

艾苏哈卜清真寺（清净寺）是市区观光的最佳出发点，因为许多主要景点都集中在附近一带，步行便可到达，十分方便。清净寺不仅是中国十大名寺之一，而且据一些专家说，它还是伊斯兰教十大圣地之一，同时也是中国最古老的清真寺。

清净寺如同一个最忠实的见证者，见证着泉州的日新月异，泉州的点滴变化都鲜明地反映在其周边环境中。犹记 1989 年我第一次参观清净寺时，只见寺院鹤立鸡群般矗立着，四周簇拥着破

败的棚屋。至于道路，说是陋巷也不为过。如今，漫步在涂门街上，道路宽阔整洁，修葺一新的建筑既有伊斯兰建筑风格的尖顶窗户和拱形大门，又有闽南特有的砖雕装饰和花岗岩图案，于古朴中透出现代气息。几个世纪以来，穆斯林一直在没有屋顶的清净寺里做礼拜（寺院穹顶于1607年的一次地震中倒塌）。现在，清净寺东侧添建了漂亮的礼拜堂，他们终于有新的去处了。这座寺院的资金主要来自海外穆斯林，因为穆罕默德门徒在1300多年前就来到刺桐的故事，以及这座城市悠久的历史都让他们深深着迷。

清净寺（又名"圣友寺"或"麒麟寺"——麒麟系中国传说中的独角兽）占地约2500平方米，始建于公元1009年（回历400年），是中国现存最古老的清真寺，整体为石构建筑。这座美丽的寺院仿照大马士革礼拜堂的建筑形制，用辉绿岩和白花岗岩石砌筑而成，设有奉天坛、明善堂和礼拜堂等。1310年（元至大三年），来自伊朗的艾哈玛德·本·穆罕默德·贾德斯（Ihamed B. Muhammed Gudeish）出资重修。

1607年，奉天坛的穹顶在一次地震中倒塌，但通高11.4米的寺门和大殿四壁却残存了下来。

清净寺门楼由四道尖拱大门隔出内、中、外三层。中层共有大小尖拱99个，象征赞颂真主的99个尊名。上方有一个筑有垛子的方形塔楼（是个不错的拍照点，如果你能找到人开锁的话）。

门楼正额横嵌阿拉伯文浮雕石刻，写道：

> "真主秉公作证，除他外，绝无应受崇拜的；众天神和一般学者，
> 也这样作证，除他外，绝无应受崇拜的，他是万能的，是至睿的，
> 真主所喜悦的宗教，确是伊斯兰教。"

门楼后西侧是奉天坛（又称礼拜殿），占地约 600 平方米，上方原罩有
巨大的伊斯兰风格圆顶。一份 15 世纪的中文文献这样描述礼拜殿：

> "门以南为向，堂以西为尊。叠叠重重，规制异人间之庙宇；
> 昂昂哙哙，犨革仿天上之楼台。"

门楼与礼拜殿之间的夹道内，原耸立着一座尖塔，后毁于一旦，取而代
之的是一座木塔。80 年后，即 1687 年，这座木塔被一场台风吹倒。寺
院的西北角有明善堂、净身亭和讲经堂。

永不干涸的井　据说这口千年古井从未枯竭，井水清澈纯净。古井的深
处长有一株植物，我相信那株植物一定无比洁净。

石香炉　有一个尼姑好奇为什么清净寺会有石香炉，因为穆斯林做礼拜
是不烧香的。更奇怪的是，香炉上还有莲花图案，这可是佛教敬仰之物。
当我表示，莲花可能是受佛教的影响时，一位穆斯林愠怒地说："莲花

并非佛教的专利！所有宗教都能用。"而另一位穆斯林则坦言，采用香炉是因为中国信徒觉得伊斯兰教不熏香，就不是真正的宗教。

石碑 清净寺东侧有两块立于元明时期的石碑，碑文记录了寺院的修缮情况。北面围墙嵌有一方刻有《永乐上谕》的石刻，《永乐上谕》是明成祖朱棣于 1407 年颁发的保护伊斯兰教寺院的文告。

修复工作 1983 年，国家出资重建清净寺，工人们发现了几处坟冢，其中一处埋葬着 1312 年遇害的波斯国首相之子。其他墓碑主人的身份分别是来自大不里士的穆斯林、来自花剌子模的可汗（穆斯林精英）和来自地中海东部纳布卢斯的女士。

如今，古老的清净寺迎来新礼拜堂，泉州的穆斯林有了做礼拜的新去处。此外，泉州还有一座大型伊斯兰文化陈列馆，位于海交馆主楼旁边。

泉州综合发展计划要求"穆斯林"地区的新建筑要保留伊斯兰风格元素，维护历史文化风貌的完整性。清净寺对面的购物街区有一道伊斯兰特色的门，就连寺院后面的招牌也带有中东风格！

关帝庙

关帝庙是坐落于清净寺东边的一座古庙，奉祀关羽与岳飞两位英雄，还供奉着另外 24 位著名将军及其他行伍英雄。庙内游人香客如织，烟雾缭绕，雕像前大大小小的香炉，常年香火不断。这里存有的文物包括朱熹题写的"正气"、张瑞图题写的"充塞天地"等匾额。（如果你想以当代的眼光去探究这种崇拜是如何开始的，不妨到惠安崇武古城的解放军庙看看。）

泉州后城旅游文化街

泉州后城旅游文化街是泉州的官方旅游购物区，与涂门街相交，西临清净寺和关帝庙，是一条弯弯曲曲的旅游商业街。这里商品种类繁多，还提供旅游服务。出售的物品有仿古钱币、铜碗、翡翠项链、留声机等等，甚至还有毛主席时代的闹钟和手表（这些商品十分紧俏，别指望花几张"毛爷爷"就能买回一件"毛"时代钟表的真品）。掏空口袋后，向西走过一个街区就到了文庙。

中山路

从木偶店出来，朝西走，然后向北转，便进入古老的中山路。这里有一眼望不到头的商店和郁郁葱葱的树木，即便在炎炎夏日，漫步其中也让人倍感惬意。请留意欣赏沿途伊斯兰风格的建筑。

有一处建筑十分讨我喜欢，上面是伊斯兰风格的窗户，下面是一家名叫"FUN"的服装店，店名下方印有"Life in U.S."（生活在美国）标语。这座城市越来越有大都市的模样了，仿佛能看到古刺桐城的繁荣盛景。

泉州是购物者的天堂，中山路购物街上商店鳞次栉比——卖的还都是名牌货！那些不卖名牌的店铺则靠大气的店名来给自己撑脸面，比如一家体育用品商店叫作"一流体育文化店"。

我不喜欢在中国商店里翻找棉拖或茶巾，但很喜欢与中国人打交道。他们很友好，谈正事前总会先热情地邀你进门喝茶，而讨价还价的过程着实让我大开眼界。

随便拐进一条小街小巷，一直往里走，十有八九会发现隐藏的宝藏，比方说清朝封疆大吏黄宗汉（1803—1864 年）的故居，他是鸦片战争时期著名钦差大臣林则徐的继任者。

总能合身！

　　我和妻子苏珊·玛丽去逛夜市，她在一个摊位前翻找毛衣。她最后发现一件喜欢的，但是却太小了。"不要紧！"那位卖衣服的妇女说，"这衣服有弹性的，等穿上身就会撑大啦！"

　　"再怎么撑，我也塞不进去。"苏说。她继续挑选，终于又找到一件喜欢的，可惜太大了。

　　"不要紧！"还是同一位妇女，"洗了以后会缩水的！"

　　幸运的是，即使是那些嘴里硬称"总能合身"的人，内心也是和善的，他们会对你报以会心一笑，嚷嚷着："不行不行，我要亏本了。算了，卖给你啦！就当交个朋友！"——尽管你们认识不过十分钟。或者，他们会抛出一句在许多国家都能经常听到的话："亏本卖给你了，你是今天的第一个客人，讨个开门红。"（尽管都已经下午三点了）

　　非常打动我的一句话是："快过年了，亏本清仓，不然就挣不到钱回家过年了。"但是我又怎么知道哪些是"话术"，哪些不是呢？一块钱对我来说其实远没有对他们来说那么重要，但我仍然和他们讨价还价，纯粹是出于入乡随俗的原则。好几次，和善的店家会对我笑笑，然后以低于我出的价格把东西卖给我，或者额外送我一些免费的东西！

没错，讨价还价也可以变得很有趣。

黄宗汉故居

黄宗汉故居位于泉州市区中山中路镇抚巷内。据华侨大学旅游专业学生曲微微介绍，黄宗汉出生于泉州，1856—1861 年间任两广总督，他因"勇敢"镇压太平天国运动，获咸丰帝御笔题写"忠勤正直"匾额，黄家风光一时无两。不幸的是，这位英雄后来卷入政治纷争，御赐匾额被朝廷收回，现在可能已化作木屑了。

黄宗汉的后裔、华侨大学教授程立初领我们逛了一圈，他指着立在大门西侧的花岗岩石碑，上面从右往左刻着"大司马"三个大字，说道："这是皇帝的亲笔御书！只有皇帝才能写得这么好。"

耗资一百万元的修缮工程 程教授说，修缮故居花了他们家族一百万元，没拿政府一分钱。我难以想象修缮一所旧房子要花那么多钱，直到他让我看了那些精雕细琢的木制品和庭院里的花岗岩柱。"这些原先都是木头柱子，"他说，"但现在的树长不了那么粗。"

程教授声称，只要他想，赚回一百万是轻轻松松的事（他目前似乎没那个打算，看来泉州华侨大学的工资比厦门大学高很多呀）。他还说，有人曾出一万元高价，只为买一棵盆栽树，但他拒绝了。

用来供奉祖先的神龛上方悬挂着一幅高贵妇人的画像，程教授表示，只要卖掉那幅画，就能拿到一百万元。我觉得它并没有那么抢手，但我的想法也许不太准，毕竟我连猫王的黑天鹅绒画像和梵高的画作都无法区分。程教授说，画这位冷峻贵妇的不是别人，正是中国著名画家徐悲鸿！

徐悲鸿（1895—1953 年） 以画马闻名于世，曾赴法学习西画，并将西画技法融入国画。他早年靠给富人画肖像谋生，因此黄宗汉家的那幅画确有可能是徐悲鸿的真迹。

宅邸众多 程教授接着带我们参观了黄宗汉家族 14 座宅邸中的另外一些，途中我们从两座漂亮砖楼之间的窄巷里，望见几位女士在泡茶。那条小巷风景如画，可以从玉犀巷 22 号进去（位于敷仁巷北面并与之平行），摄影爱好者不容错过。我们从巷子北边尽头出来，然后穿过左手边的门道，发现有一个宜人的庭院，尽管天气闷热，里面却凉爽惬意。"胜过吹空调！"程教授调侃道。

鲤鱼池塘边，一名男子正用绑在长竹竿上的网打捞落叶。庭院后面有一大堆杂乱而奇特的石头。程教授解释说："这是江苏的太湖石，深受中国造园家的青睐。这些石头现在都是按重量卖的，想想这院子里的石头该有多值钱啊！"

想到他对自家的画和树的要价，我索性不问了。

太湖石的故事

"太湖石产自太湖，又名洞庭石，分为水石和干石两种。水石受水流冲刷形成优美的形状，自然优于干石。太湖石通常是白色的，但也有黑色和绿色的太湖石。

"太湖石在唐朝就开始盛行了，从宋代开始被广泛用于装饰富人的庭院，就连皇帝也下令将太湖石运送到皇宫里。

"四大名著之一的《水浒传》在某些章回中也提到太湖石。今天，最珍贵的太湖石要数上海豫园里的'玉玲珑'。

"中国人认为太湖石非常美，因为它们皱、形瘦、多孔——十足的丑陋。这反映了'盛极必衰'的道家哲学。所以太湖石虽丑犹美。"

我听后报以微笑，暗想，也许我还有变美的希望！

（曲微微同学讲述）

国宝　程教授指着一块晶莹剔透的石头，惊叹道："这可是国宝级的石头哇！你仔细瞧瞧，上面的花纹是自然形成的，犹如在白雪纷飞中灼灼怒放的梅花，好似一幅抽象的中国画。"

我既没看出来雪，也没看出来梅花，但我确实欣赏石头上那种自然的美。从 6 岁开始，我就喜欢收集矿物和石头，我在厦大的公寓里已经塞满了约 227 公斤的标本。但是，当地居民似乎不怎么喜爱这块石头，否则怎会拿它当拖把架用。看到我拿起相机对焦，曲微微同学想将拖把挪走，但程教授劝阻道："就让它放在那里吧，让人们看看我们是如何'爱护'宝物的！"

黄宗汉故居出行指南　黄宗汉故居位于丰泽街以北、中山路和南俊巷之间的镇抚巷内，从铜佛寺步行 11 分钟即可到达。

泉南堂

刺桐城原有的景教与方济各会教堂、修道院都荡然无存，唯伊斯兰教还留有一座清真寺。但在过去 140 年里，教堂重回人们视野，泉州如今就有多所天主教堂和 170 多座新教教堂。

泉南堂的苏伟垣牧师耐心地给我讲述泉州新教的历史，还允许我使用由他主编的《难忘的历程——福建基督教三自道路五十年》[1] 的资料和图片。

第一次鸦片战争迫使中国开放五个通商口岸，包括厦门和福州，但泉州不在名单上。苏格兰长老会有一位叫杜嘉德（Carstairs Douglas）的牧师，于 1855 年 6 月到达厦门，1856 年乘船秘密前往泉州南部的安海镇布道。

杜嘉德牧师锲而不舍地传播福音，于 1863 年来到泉州，1866 年与信徒在开元寺对面建立第一座新教教堂。他站在寺庙大门前宣讲教义，这惹怒了一些学者，导致教堂被纵火烧毁，基督徒们只好迁到几个街区外的中山路上，在一个赌窝冒险安顿下来。

泉南堂曾于 19 世纪 90 年代翻修，1927 年重建，但到 20 世纪 90 年代已经破损严重，因而于 2002 年拆除重建。2003 年 12 月新教堂竣工，总共耗资 150 万美元，可容纳 3000 人。

1.《难忘的历程——福建基督教三自道路五十年》，福建省基督教两会出版。

闽南方言和传教

我们这个山多坡陡的省份，可以说是中国方言最多的省份。在一些地方，村民听不懂三公里开外的邻居说话！出人意料的是，这非但没有阻碍基督教徒传教，反而对他们有利。传教士进入中国之前，已在其他东南亚国家从事过此类活动，而那些国家大多拥有大量华人华侨。

这些海外华人华侨大多来自福建南部，因此传教士学会了闽南话。中国门户一开放，已通晓闽南方言的外国传教士便纷纷涌入闽南。当时，闽南地区能读会写的人寥寥无几，传教士们便编纂罗马注音手册、闽南方言字典和参考书。杜嘉德牧师编纂的《厦英大辞典》（*Dictionary of the Vernacularor Spoken Language of Amoy*）于 1873 年出版，至今仍可作为标准的参考书使用。不幸的是，他 4 年后死于霍乱，时年仅 46 岁（其中有 22 年在中国度过）。但这些早期来华的外国人在教育方面留下的遗产并未随着他们的逝去而消失，而是在培元中学等地被继承并发扬光大。

杜嘉德牧师

杜嘉德牧师前一天身体还好好的，没想到次日便死于急性霍乱。在帮助西方人了解闽南语方面，他所做的贡献或许无人能及。打马字牧师（Talmadge）在提到杜嘉德时，曾这样写道：

"由于承担了过量的工作，他过度操劳，容貌看上去比实际年龄苍老许多。他来到中国时还很年轻，去世时年仅 46 岁，但刚认识他的人却以为他已年过花甲……在 22 年的传教生涯中，他所做的工作比大多数人花两倍时间所能完成的还要多……

"近来，尤其是在他临终的那一年，他的体力显著下降，至少在其他人看来如此。然而，没有人能说服他离开岗位休息片刻，或是减少工作量。

"我从未见过这样一个对工作满怀热忱、不知疲倦的人。他学识广博，见闻丰富。我想，在这方面没人能望其项背。他精通多门现代欧洲语言，还通晓《圣经》的源语言，对希伯来圣经的研究（即使在病入膏肓之际，仍未放弃）即是印证。至于汉语，他已跻身本地一流汉学家之列了。"

孙中山先生和牙医

这家位于中山路钟楼南面的牙科诊所（位于鲤中卫生院二楼）证明，在历史悠久的刺桐城，只要带着一双善于发现的眼睛，几乎每个角落你都能找出有趣的东西。

盛明捷医生的诊所位于二楼，现代风格的诊室内挂着一块大有来历的匾额，上面有孙中山先生的题字。这是孙中山先生为他的祖父盛九昌题写的。盛老先生也是一位牙医，曾与孙中山先生有袍泽之谊。孙先生的题词从右往左写着"卫生之一道"，我想大意是说口腔之于卫生的重要性。在建筑外靠楼顶处挂有仿制的木匾（顺便一提，原匾收藏在北京的一个博物馆里）。

开元寺

> "……有三千和尚和一万一千尊佛像……所有供食的碟盘都冒着热气，以致蒸汽弥散到佛像的脸上……但是所有东西他们都留给自己，狼吞虎咽地吃完。通过这样的方式，他们认为已经把神佛供奉得很好了。"
>
> ——鄂多立克修士

在钟楼附近左拐，就能走到开元寺（约始建于 686 年），这是中国最重要的寺庙之一，占地面积 7.8 万平方米，也是福建省最大的宗教中心。开元寺免费对外开放，能一次饱览众多著名景点（包括一棵会开花的奇树），绝对让你不虚此行。

桑蓬古迹　相传，这片土地原是黄守恭的桑树园。有一天，他梦见一个僧人向他募地建寺，便抛出一缕绒毛，回应道："若桑树开出白莲，我便献地结缘。"

三天后，满园桑树都开出了白莲花，黄守恭被这一奇迹打动，将土地捐献出来。

开元寺的主要景点　寺内主要景点包括紫云屏、天王殿、大雄宝殿、甘露戒坛和藏经阁（藏有 3700 多卷珍贵的佛经和其他文物）。其他景点还有檀樾祠、小开元寺（准提禅林）、功德堂、尊胜院、水陆寺和甘露戒坛（佛教徒受戒的地方）。甘露戒坛是中国现存规模最大、保存最好的戒坛，为重檐八角攒尖式结构，共有五级。坛台最上层供奉着卢舍那佛木雕坐像，其所坐莲花台座有一千叶莲花瓣，每片莲叶上各刻一尊 6 厘米大小的佛像。

令人迷惑的日期、亩、里和银两　一本英文宣传册称开元寺建于唐朝垂拱二年，这是中国人旧时采用的年号纪年法，说的其实是"公元 686 年"。我不理解为什么现在仍以这种让人看不明白的形式记录日期，因为很多中国人就连不同朝代的起止时间都记不住，更不用说具体的帝王年号了。

我对中国的日期没有研究，至于重量和度量衡就更搞不懂了。比如，已知 19 世纪的厦门胡里山大炮耗银 6 万两（1 两 = 38 克），建于 1059 年的泉州洛阳桥耗银 140 万两。但谁能告诉我在 19 世纪或者 1059 年，银子值多少钱呢？

如果厦大的 MBA 中心改用"两"给我发工资，我就甩手不干了。

另一个让我头疼不已的是"亩"，这不是形容牛叫声的拟声词，而是土地丈量单位。汉语字典的解释是：100 亩等于 1 顷，亩现称市亩。1 市亩等于 60 平方丈或约等于 666.7 平方米。

我不想跟"亩"置气，但这些东西有时候就是会让人忍不住发脾气。说到长度和距离，一本英文宣传册称安平桥长 8110 尺，宽 16 尺——可是，尺是什么？泉州有一块路标，上面写着："前方 600 米少林寺"，但据我测量，距离应是 1.1 公里。就当这是考虑到道路蜿蜒曲折，而且会功夫的和尚或许几个飞身就能过去吧。但在"中国式距离"问题上，我并不是第一个纠结的外国人。1912 年，腓力普·威尔逊·毕牧师在《厦门方志》中写道：

"这些距离的说法可能并不完全准确，只是粗略估计。要是有人在中国的这一地区测量距离，马上就会遇到困难，最主要的原因在于'里'（约等于二分之一公里）在这一地区的不同地方代表不同长度。'里'有长'里'和短'里'之分、官方中的'里'和普通地方的'里'之分。两者差别颇大，官方中的'里'要短四分之一。"[2]

一个中国人夸口说安平桥有 5 里长。他指的是长"里"里还是短"里"，是官方中的"里"还是普通地方的"里"？我想我得让他走几里路，用脚去丈量看看。

藏经阁 藏有 3700 多卷珍奇的佛经和其他文物。大雄宝殿后廊立有两根雕刻精美的古婆罗门石柱，柱身圆盘有毁灭之神湿婆浮雕，这是印度婆罗门教的三大主神之一（另两个是创造之神梵天和守护之神毗湿奴）。这两根石柱是从一座倒塌的古印度教寺搬运过来的，但是，似乎没有人介意一所佛教寺院里掺杂了其他宗教的图案。事实上，中国寺庙经常出现佛、道、儒共聚一堂的情况，仿佛多多益善（也许他们只是想用神像填满寺庙）。

鹿港郊公置铁钟 铸造于 1837 年，是台湾鹿港 46 家郊行商号共同出资铸造并赠予开元寺的。据称，这口钟声音洪亮，可传到洛阳桥沿岸一带。

---

2. 腓力普·威尔逊·毕，《厦门方志》，上海、福州：中国基督教卫理公会出版社，1912 年，第 283 页

紫云盖地和飞天乐伎 据传，在兴建面积达 1387 平方米的大雄宝殿之时，忽然天降紫云盖地，故此殿又称紫云大殿。全殿用近百根花岗岩石柱支撑殿堂，所以又有"百柱殿"的雅称。但殿内最富特色的当属 24 尊飞天乐伎，其中 12 尊长有大鹏鸟的翅膀，12 尊长有蝙蝠的翅膀，分别代表中国的二十四个节气。

对西方人而言，蝙蝠象征邪恶与死亡，而中国人却认为蝙蝠寓意吉利进福，因为"蝠"与"福"同音。飞天乐伎（在佛教中又称"妙音鸟"）从柱桦里露出身子，支撑着独特而复杂的斗拱结构。她们双臂伸展，或手捧文房四宝，或手持丝竹管弦，轻歌曼舞于屋梁之间。

若没有省民族与宗教事务厅的批文，开元寺的飞天乐伎不允许拍照。我提交了申请，但等来的只有拒绝。好在，泉州还有其他的"飞天"——伫立于泉州长途汽车站旁的"飞天迎宾"城雕。

印度教的影响 印度教的遗迹遍布整个开元寺，向人们诉说着古刺桐与印度的广泛联系，主要是与泰米尔商人的贸易往来。大殿的须弥座上很早就刻有奇特的印度教狮身人面像，而殿后两根雕绘有印度教传说的石柱则是 400 多年前郑成功的父亲出资重建大殿时，从一座废弃的印度教寺移来的。东西二塔也显示了印度教的影响，因为据记载，古塔的修缮工作曾有印度僧人参与。

东西塔 开元寺东西两侧各有一座塔，是中国现存最完好的石塔。这两座塔最初由木头建造，在数次灾后重修中，先改建为砖塔，后改建为石塔，以石塔形式保留至今。两塔均仿照中原地区的大木亭而建，千余年来历经多次地震和无数游人行踏，始终屹立不倒，这都要归功于宋代历时 22 年之久的重建。

东塔（镇国塔）始建于 865 年，初为木塔，后被重建为一座高 48.24 米的石塔。西塔（仁寿塔）始建于 916 年。东西二塔均为八角五层楼阁式建筑，每层的门龛两旁都刻有武士、天王、金刚等浮雕像，神态各异，栩栩如生。相传，东塔建到第四层时，法权法师圆寂，剩余工程由来泉州传经的印度僧人天锡主持。因此，东西二塔在浮雕图案等方面，显现出中印文化的独特融合。

长胡子的美人 西塔有两尊奇特的浮雕，一是手持大刀的孙悟空，二是长了胡须、手持莲花的菩萨。也许这是大慈大悲救苦救难的观世音菩萨？观世音菩萨原为男身，因中国女性希望向女性神明祈祷（人们认为男性神明不够慈悲为怀，看看他们的表情就知道了），后转化为女相。在中国四川的一座千年古寺中，我见过一尊长着胡子的观音造像。

孙悟空原型之争 西塔的孙悟空浮雕曾掀起一阵热议，有人声称孙悟空的形象源于这些浮雕，因为它们出现的时间比成书于 16 世纪的长篇小说《西游记》早几百年，后者使齐天大圣的形象深入人心。有观点认为，孙悟空的原型很有可能是印度史诗《罗摩衍那》中的神猴哈奴曼。毕竟，佛塔的修缮工作是在一位印度僧人的主持下进行的。

泉州华侨历史博物馆

鉴于大多数海外华人华侨来自闽南（尤其是泉州），无怪乎泉州建有一座大型博物馆来记录他们的历史及其对祖国的贡献。博物馆上层设有大型图片展，展示海外华侨对泉州各界所做的贡献。

例如，南少林寺由一位菲律宾华人和一个新加坡武术组织出资 100 万元人民币重建，开元寺的佛教博物馆由一位新加坡华人林先生捐资 50 万元建造。海外华人华侨不断捐资兴建中小学、大学（如新中国第一所私立大学——仰恩大学）、医院（李国兴捐资 300 万元建立泉州市急救指挥中心）、寺庙、教堂，以及我认为最重要的——道路。

鱼还是渔？ 俗话说："授人以鱼，不如授人以渔"，如今最好的"渔"是新路。我有一个来自安溪的年轻朋友，他在厦门辛辛苦苦工作了 10 年，终于攒够钱回家乡种果树了。10 年前，即使到了收获季节，水果也无人问津，因为采摘下来运到市场上卖，要经过崎岖的山路，路程是现在的 4 倍远。几年前，有朋友对我说："教授，我打算回家了。现在，我在老家能赚得比厦门更多！"

"卖猪仔" 华侨博物馆还揭示了一段血淋淋的历史——臭名昭著的"猪仔贸易"（"猪仔"指中国的契约劳工，又称苦力）。一件件展品再现了当年的场景，讲述了我们这些卑鄙的外国人如何拐骗中国人，如何强迫他们在国外惨无人道的环境下劳作。是的，这些都是切切实实发生过的事。不过遗憾的是，行拐骗之实的是腐败的官员，是他们转手将劳工贩卖给卑鄙的外国人。

如果没有腐败官员的纵容，鸦片贸易和劳工贩卖就没有生存土壤。

但愿"老外"和"老内"都能从"猪仔贸易"中吸取一些教训吧。

市区其他景点

天后宫 过去，中外官僚和商贾客贩常到天后宫（约始建于 1196 年）祭祀海神妈祖，祈求出航平安。天后宫是中国重点文物保护单位，内设有泉州闽台关系史博物馆，馆内收藏有大量珍贵文物，包括和其他物品杂乱堆放在一起、被搁置在露天后院的抱鼓石——据称带有"大卫之星"图案。许多古代文化都使用六芒星图案，"大卫之星"是其中一种变体。

泉州市南建筑博物馆 如果现在不是 2022 年，而是 2006 年或者更早，那么你可以在市区温陵路与湖心街的交汇处找到这座博物馆。南建馆曾

妈祖故事两则

郑和与"天妃"

据传，郑和船队有一次在海上遭遇了大风浪，船上人员危在旦夕，这位出身穆斯林世家的正使遂向妈祖祈祷。旋即，风浪平息，船队转危为安。郑和回国后，奏报朝廷为妈祖封号。于是，皇帝封妈祖为"天妃"，并下旨修建天妃宫。

施琅将军与妈祖

清朝将军施琅奉命渡海征台，攻打郑成功的后裔时，携带了一尊妈祖神像。获胜后，他将神像留在了台湾。施琅奏报朝廷，称大捷乃是妈祖显灵相助之功，皇帝遂将妈祖由"天妃"晋升为"天后"，并命施琅在湄洲岛扩建妈祖庙。至于那尊留在台湾的妈祖神像，几百年来受无数香客参拜，脸部被熏得乌黑发亮，得了个"乌面妈"的绰号（我想，给她起绰号大概比让她保持脸部清洁省事吧）。

以洪氏宗祠为临时馆址，所处位置十分便利。来到这里，你可以到湖心大酒店歇歇脚，品尝钟师傅烹饪的泉州佳肴。不过，2007 年底，南建馆已迁至市博物馆，现在你只能去那里看它了。

承天寺　位于南俊巷，与开元寺、崇福寺并称泉州三大丛林。寺院始建于南唐，重建于清康熙三十年（1691 年）。宣传册上介绍，承天寺原有"十奇景"，经过修缮，现已恢复旧貌（我想，这意思是说原来的承天寺并没有这十奇景？）

崇福寺　位于崇福路，是福建省文化保护单位，曾于近代重修。泉州少林寺被毁后，此地成为传授少林武功的又一寺院。从崇福寺出来，可顺路参观重建后的南少林寺，乘车前往体育馆，再步行上山即可。

刺桐的街头生活

"在此城中见有来自印度之旅客甚众，特为刺青而来（语见第一二六章），盖此处有人精于文身之术也。"

——马可·波罗

难怪中世纪的旅行者对刺桐不吝赞美之词，称其"令人陶醉"。从织锦到文身，凡是你想要的东西，泉州应有尽有。今日的泉州虽看似不及往日繁华，但也足够热闹——尤其是夜幕降临，华灯渐次亮起，将树木、建筑、佛塔装扮得流光溢彩。

夜市　这里是女士的购物天堂，你想得到的、想不到的东西，都能在这里找到。街头摊贩集聚了各式各样的小吃，保证能让你的胃口和钱包都满意——一边大快朵颐，一边为钱包减负。

街头表演　街道的交汇处搭建有舞台，每晚都会有当地艺术家在上面表演音乐或戏剧，风雨无阻。街边还有给人画人物素描或设计艺术签名的。你总能看到这样一个人，他会用叶子编织出栩栩如生的花鸟鱼虫，然后卖给当地人和外地游客，赚点小钱。夜晚的街头处处是精彩的表演，时时充满欢声笑语。待热闹褪去，难免会心情低落——这时，我建议你去看看垃圾场（译者注：作者一语双关："down in the dumps"有心情低落之意，"dumps"又有垃圾场之意）。

垃圾场之旅？

不，我并不是真的建议你去参观市垃圾场，或者游览污水处理中心。不过话说回来，这两个地方确实做得不错，部分原因在于泉州在飞速发展经济的同时，能够兼顾对历史、文化和自然遗产的保护。在环境问题日益严峻的今天（对拥有 14.13 亿消费者 / 垃圾制造者的中国而言更是如此），看到泉州这样的城市把环境保护作为优先事项，令人倍受鼓舞。

现在，泉州的污水处理率达 95.29%，与 10 年前的零处理能力不可同日而语。投资 1.33 亿元的宝洲污水处理厂于 2017 年建成，采用先进的技术和设备，处理过后的水纯净得可以用来灌溉或养鱼！

泉州的压缩减容和无害化卫生填埋场也走在全国前列，能轻松满足当前需求。目前正在兴建一个新的垃圾填埋场，以满足未来不断增长的需求。新填埋场不仅引进国外的尖端技术，借鉴国外的有益做法，还汲取中国古人的智慧，变废为宝，物尽其用——比如，把制鞋业中产生的惰性废弃物用作填埋场的隔离垫层材料，这样既能处理废物，又能防止液体渗透，可谓一举两得。（很棒吧？也许没有我说的那么神奇，但正是这些幕后工作使泉州成为游客眼中美丽、清洁的康养旅游胜地。）泉州的明天还会越来越好。

在第二阶段，泉州将改善垃圾回收方式，将一些废物转化为肥料。同时，还会开展一系列宣传活动，鼓励市民减少垃圾排放，重新利用和循环利用垃圾，以及参与垃圾分类——这一切均纳入了泉州整体规划之中。在许多不及泉州开明的城市遭受如渡渡鸟一样灭亡的厄运时，这座"光明之城"至今仍屹立不倒，原因即在于此。

第五章 中国木偶之城

泉州有许多独特的工艺品，包括精美的花灯、竹编、瓷器、木雕、根雕、纸织画、漆线雕、泥塑、妆糕人，以及具有1700余年历史的惠安石雕，但更锦上添花的是木偶，它为泉州的民间艺术抹上了浓墨重彩的一笔。

泉州国际木偶节

泉州已举办了多届国际木偶节，最近一次在2019年，这似乎是理所当然的安排：泉州这个古老的贸易、哲学和宗教中心，也是中国木偶戏的发祥地。

泉州木偶剧团

泉州木偶剧团曾赴 50 多个国家和地区演出，以精彩绝伦的表演打动了无数观众。

50 多名木偶戏演员一边操纵木偶，一边演唱，中国管弦乐团在后台伴奏。可惜的是，这样的表演如今在国内很难看到，但如果你愿意一掷千金，剧团也能给你安排一场独一无二、毕生难忘的专场演出。

中国木偶戏的历史

中国木偶戏的历史至少可以追溯到 2000 多年前的汉代，有传说称，木偶艺术始于 3000 多年前的周穆王时期。据传，周穆王曾去往昆仑山打猎，在回程途中看到一个名叫偃师的工匠操控木偶唱歌跳舞。

历经两三千年的发展与传承，木偶戏在传入泉州后进入鼎盛时期。在中国的木偶戏中，泉州提线木偶是唯一拥有自己的音乐剧目、并使用独特乐器表演的木偶戏种，现存 700 余出传统剧目，由 300 余支曲牌唱腔构成。

这些神奇的提线木偶身上系有 16 至 36 条提线，恐怕比一个"妻管严"的丈夫还要"束手束脚"。在木偶艺人的娴熟操纵下，这些木偶趾高气扬地游走在舞台上，活灵活现，栩栩如生。

西方木偶师主要通过控制器来操纵木偶，而中国的木偶艺人则用手指来操纵若干组线。木偶的提线越长（可达 2 米）越难操纵，但表现力也越强，因为它们能扮演出不同年龄、不同职业的男女，甚至是神灵或野生动物。

木偶能跑能跳，能展现曼妙的舞蹈身段和高超的武打技艺，能吵架拌嘴和讨价还价，还能演绎浪漫唯美的爱情故事和腥风血雨的战争故事。它们灵活的双手甚至可以从地板上捡起东西！但是，木偶的一切动作都由木偶艺人来操纵，现已退休的泉州木偶剧团副团长夏荣峰先生热心地带我们参观剧团，还为我们进行了演示。

木偶戏演员通常要从小开始训练，可能需要先花 5 年时间学习基础知识，而要完全掌握 30 条以上的提线至少要有 20 年的功夫。提线木偶的复杂程度令人惊叹。木偶由偶头（通常以樟木或柳木雕成）、笼腹、四肢、提线和勾牌组成，眼睛、嘴巴处藏有机关，可呈现出丰富表情。木偶的手有文武之分，文者把盏挥扇，武者舞枪弄棒；脚分赤、靴、旦三种。

这些由樟木制成的木偶，年复一年越来越复杂，怪不得现在的年轻人不愿意学习木偶戏并为其奉献一生。

现代木偶戏

晚清时期，像林承池这样的木偶艺人已经能让木偶做出拔剑、开伞等动作。当代的木偶艺人同样出色，甚至青出于蓝而胜于蓝。饶是如此，他们仍在不断完善技艺，力求创造出令人惊叹的木偶和表演。现代的木偶戏舞台比以前更大，给予木偶更大的活动自由，多个不同的木偶还可同时在台上表演。

在《驯猴》中，木偶演员手中的线一提，猴子木偶就做出各种动作，一会儿踩单车耍帅，一会儿弹吉他炫技。在《钟馗醉酒》中，钟馗虽为武举魁首，却因样貌丑陋而不被授官。他自杀身亡后，被阎王封为判官，奈何地府妖魔丛生，他寡不敌众，斩除不绝，于是开始借酒消愁。不过最后他戒了酒，再次投身驱魔除妖、扶正祛邪的永恒战斗之中。这个故事十分精彩。

传统文化走出国门

在伦敦小天使木偶剧院，泉州木偶剧团为 11 名英国木偶表演者和木偶爱好者举办了一次研习班。克里斯托弗·里斯（Christopher Leith）

从事木偶戏工作已超过 35 年，但仍觉得训练很艰苦。参加研习班的中国木偶艺人表示，这些英国木偶表演者能在这么短的时间内取得如此大的进步，相信再经过几年的训练他们就能学成出师了（对我们西方人来说，几年已算是很长时间了，但对花几十年时间潜心钻研木偶的中国人来说并不算什么！）。

雕刻偶头

木偶头制作手艺正面临着失传的危险。用樟木雕刻出质量上乘的偶头是一项精细的技术活，完全掌握这项技艺需要 10 到 15 年的时间，现代人已没有这样的耐心。泉州的木偶头制作者仅余几十人，能做出高质量木偶头的不足 20 人，其余木偶头制作者不过是在滥竽充数（有的制作者用机器压制出塑料偶头，装在木偶人身上。虽然乍看起来并无二致，却少了灵魂与温度）。

制作木偶头首先要选一块樟木，将其锯成粗胚，初步定出五官位置，再细致刻画头部细节，雕刻结束后进行磨光。接下来是上漆和抛光，进一步修饰细节、添加头发。便宜的木偶头只消三四天就能做好，但木偶大师黄奕缺却要花上几周的时间精雕细琢，自他手中诞生的也自然是杰作。

香港港龙航空的机上杂志《丝路》曾刊登过一篇题为"Heads Up"（抬起头）的文章（1988 年 9 月刊），讲述了泉州木偶艺术大师黄奕缺的故事。当时，黄大师从事木偶表演和制作已有 60 余年。他说："我 13 岁就进入这一行了。现在我不能放弃，而且，我想在我走后能给后人留点东西。"

黄奕缺曾经花了长达半个月的时间来雕刻一个木偶头，从远处就能看到那夸张的五官。有些木偶有四个头、四张嘴、八只眼睛——却全凭一根手指头操纵！

掌中木偶戏

掌中木偶戏也叫布袋戏，看起来比提线木偶戏简单些，但也需要多年的训练。表演者把手伸进木偶的衣服里，食指套进头腔，大拇指和中指套进衣袖操纵双手，从而让木偶角色完成生动传神的表演。掌中木偶能倒茶、摇扇、换衣、舞剑，还能表演杂耍，他们翻个跟斗，站起来，盘子或木桶仍稳稳立在头部的杆子上，简直令人叹为观止。

木偶博物馆

泉州木偶剧团博物馆 泉州木偶艺术历史悠久，世代传承，是泉州文化的璀璨瑰宝，驰誉海内外。馆内展品有木偶大师的杰作、内容丰富的文章和图片，生动呈现木偶头的精雕细琢和木偶制作的独特工艺，展示木偶艺人操纵提线木偶和掌中木偶的高超技艺。这里还有数量庞大的木偶展品，从古到今，从战士、帝王、美猴王，到解放军英雄、外国鬼子和拉提琴的音乐家，应有尽有。

陈氏木偶博物馆　这是我最喜欢驻足的地方，这家一流的博物馆以前位于清净寺正后面。馆内展品包括提线木偶、晋江的掌中木偶和其他许多形式的木偶。精心布置的展品展示了那些可爱的木头生灵如何从一块块樟木中雕刻出来，然后在大师手中变得活蹦乱跳，比跟在蓝仙女后面的匹诺曹还要闹腾。

遗憾的是，这两座带给我许多欢乐的木偶博物馆如今都不复存在了。我将它们写入本书，希望它们永远留在人们心中。

第六章

『海滨邹鲁』的昔与今

"中国南部的泉州城位于距离厦门港不远的内陆，与台湾岛北部隔海相望。泉州的大小与爱丁堡差不多，而且与爱丁堡一样，致力于追求学问……"

——《泉城》（*City of Springs*），1902 年

泉州素有"海滨邹鲁"之誉，培养出一代又一代的文人名士。自唐代到清朝（约 1100 年间），泉州共出过进士 2454 名，著名文人 950 位，留下有影响力的著作 2083 篇。泉州还出过 20 位宰相。

古代的儒家教育

"未能获取梦寐以求的功名利禄，从不会教不屈不挠的考生们感到迷茫或气馁。有些人穷尽毕生，也未能考取任何功名。例如，在旧制度下，光一个辖区参加定期考试的就有一万名考生，甚至有祖父、儿子、孙子同场竞争，争夺同一功名。1889年，福建总督上报说，在秋闱中，福州考场有9名考生超过80岁，一名超过90岁。在另一场考试中，有35名考生超过80岁，18名超过90岁。这种在各级考试中不屈不挠的毅力……在中国以外的地方很难见到。如果中国的教育方法与西方教育理念一致的话……中国的学术将达到世界一流水平。"

——腓力普·威尔逊·毕，《厦门方志》，1912年，第84页

泉州历史文化名人众多，文学家有欧阳詹、王慎中、黄克晦等；史学家有吕复卿、梁克家、黄凤翔、何乔远等；哲学家有李贽、蔡清、陈琛、蔡鼎等；军事方面的人才有丁拱辰、曾公亮、俞大猷、郑成功、苏颂、李光地等。

泉州府文庙

泉州府文庙位于清净寺以西、涂门街以北的泮宫内，是古泉州的教育机构，内有真人大小的泉州文人塑像数座。

安溪孔庙 / 道观 / 佛寺？

安溪也有一座著名的文庙，始建于 1001 年。难不成这是一座杂糅了儒道佛的寺庙？我之所以有此疑问，是因为一张泉州英文版地图将安溪文庙的英文写成 "Anxi Confusion Temple"（译者注：正确写法应为 "Anxi Confucius Temple"，confusion 有 "混乱" 之意），但我又不能百分百确定那是打字错误。

作为中国两大宗教，道教和儒教在哲学思想上完全相左。儒教强调绝对的服从秩序、言行一致、遵守规范，并通过教育对此进行维护。而道教则强调蒙特梭利式的启蒙教化，道教意即 "道" 的教化（基督教的新约中也有类似含义的词语 "The Way"），其教义基于公元前 6 世纪老子的思想。在道教看来，"道" 是相对的，因为世间不存在衡量是非对错的标准，一切都是相对的。道教崇尚自由、无为而治，认为 "道" 不可言说。

孔子

孔子年轻时就已熟读历史典籍，掌握诗词歌赋，精通礼、乐、射、御、书、数六艺。他在30多岁成为老师，将毕生精力贡献给教育事业，往后的2000多年里中国教育者无不以孔子为榜样。

孔子十分谦虚，称自己才智平平，提倡有教无类，任何人都可以跟随他，通过学习和遵循社会法度成为完人。但是很少有人愿意跟随孔子，因为他总是无业可从，居无定所，腹无饱食。

孔子总是忧心忡忡，他说："德之不修，字之不讲，闻义不能徙，不善不能改，是吾忧也。"

我想，真正忧心的该是他的妻子，嫁给孔子之后她也跟着居无定所、腹无饱食——如果说美满的婚姻是一剂灵丹妙药，这些可都不是炼药的药材。

即使失业也未能磨灭孔子的心志，他说自己不过是芸芸众生之一，"天之未丧斯文也，匡人其如予何？"言下之意是，既然天意不让我死，我就要肩负起重塑周礼的使命。可见孔子认为天命不可阻挡，顺应天命能够成就不朽事业。

除了失业之外，孔子没有尝到多少苦头。56岁那一年，他离开不听劝谏的鲁国国君，又变得无业可从，于是花了14

年时间周游列国，门下弟子也慢慢增多。他在 68 岁时回到鲁国，73 岁去世。他留下的三千弟子也总是无业可从、无家可归、腹无饱食，但他们将孔子的学说发扬光大，令帝王尊奉儒家思想长达 2400 多年。

儒家的基本哲学思想认为，孝是社会的基础，对父老、长官、帝王的服从是社会有序、稳定、和平的保证。任何形式的背离都会导致混乱无序。

孔子强调的服从深得帝王喜爱，但他关于不公正的政府将被推翻的告诫却不被接纳。公元前 231 年，秦始皇为了消除儒家思想的影响，下令焚毁中国民间的所有儒家典籍，但有人偷偷藏了几册。后来，儒家学说重新兴起，儒家思想也慢慢渗透到中国社会的方方面面。

（改编自《魅力厦门》）

难怪历代君王多推崇孔子而非老子——尽管孔子在有生之年并未受到当权者的重视。

泉州七中——未来之窗

《泉州晚报》的记者吴泽华得知我正带着三个美国人游览泉州，便邀请我们一同去参观一所学校。当时我有些犹豫，因为我们的日程安排很紧，坦白讲，我的朋友们飞越 19000 多公里大老远跑来中国，可不是为了参观一所学校，何况其中一位本身就是老师。但我最终还是答应了邀约。我们参观的这所学校藏在天后宫对面的一条小街上，没想到这次参观竟成为我们当日行程的亮点。

我一直在研究泉州悠久的历史，而泉州七中如同一扇未来之窗，让我得以窥见这座城市美好未来的小小一角。参观结束后，我深刻领会到为什么七中能从 20 世纪 90 年代初期一所默默无闻的学校，发展成为今天中国最富创新活力的学校之一。从传统学术和体育活动到机器人创新，七中的成绩获得国内外的广泛认可，并在 2007 年成为清华大学在中国的六所基地校之一。

泉州七中创办于 1937 年 5 月，择天后宫为校址，旧称"私立晦鸣中学"。1948 年设高中部，1956 年改私立为公办，搬迁到街对面现在的校址，并更名为"泉州市第七中学"。但直到 20 世纪 90 年代，富有远见的领导进行大刀阔斧的改革，七中才迎来翻天覆地的变化。

优秀的师资 现任校长吴鹏飞拥有教育学硕士学位，是福建省首批骨干校长。教师队伍平均年龄 33 岁，均毕业于全国知名师范院校，其中有 56 人取得硕士学位。

全球视野 泉州七中以"培养身心健康的现代中国人，锻造各行各业领军人物"为育人目标。"现代"意味着具备现代全球化社会所需的知识和竞争力——要求毕业生具有合作精神和创新意识。但学校的目标不仅是培养"现代中国人"，还致力于培养负责任的"世界公民"，通过国际合作办学提高学生的英语水平和沟通能力。

国际化办学 2002 年，泉州七中成为福建省首家与海外学校合作的中学，率先与加拿大学校合作创立"中加班"，有好几位加拿大籍教师来到七中任教。该班 2005 年和 2006 年的毕业生获得中国和加拿大的双文凭，获得到英语国家留学的资格。七中经常举办英语角、英语竞赛、英语文化节、英语才艺表演、圣诞晚会等活动，提高学生的沟通交流能力。学校还设有现代化的广播室和录音室，供学生进一步磨炼个人才能。

硕果累累 泉州七中于 1990 年通过福建省三级达标中学验收，并于 1993 年和 1995 年分别通过二级和一级达标中学验收。2001 年，学校通过 ISO9002 教育质量体系认证；2003 年，成为福建省首批通过国家示范性高中省级验收的学校之一。截至 2020 年，学校获评国家级荣誉 29 项，省级荣誉 92 项，涵盖体育、语言、科学和环保等方面。

七中学子在国内外学术、学科竞赛方面也取得了不俗成绩：自 2003 年机器人工作室成立至今，在机器人竞赛中斩获金牌 45 枚；2005 年 11 月，在泰国世界机器人奥林匹克竞赛上，三名学生为中国夺得高中组唯一的国际金牌；2007 年上半年，在国内和国际赛事中获得 18 枚金牌。

泉州七中还准备组建基因工作室，届时将由中山大学基因工作室的四名生物学研究生负责指导。

拳拳校友心　泉州七中的惊人蜕变自然极大鼓舞了广大校友，他们纷纷投入资金，鼎力支持母校的发展。校友捐资兴建了李群华体育馆（当时福建最好的体育馆）、春晖图书楼、香港校友楼、泉州校友楼、菲律宾校友楼（科学实验楼）等多栋建筑，还设立了多个奖教助学奖学基金会。在学校 75 周年校庆之际，七中海内外校友捐资 2000 万元设立"泉州七中助学奖基金"，是福建省同类奖学金中金额最大的。

靠近学校前门的地方有一个生态园，展示了许多濒危动物的模型。这些模型动物错落有致地摆放在丛林环境里，仿佛置身于大自然之中。

这个立体模型展是我在七中最先也是最后见到的东西，它充分体现了学校的整体价值观——既鼓励创新和进步，又提倡保护资源。我坚信，七中不仅能培养出"现代中国人"，更能培养出带领中国步入新世纪的"世界公民"。因此，参观完泉州的历史古迹，别忘了去看看泉州的学校——那是未来的希望所在。

培元中学

培元中学位于开元寺西边。几年前，我有幸成为该校的荣誉校友。

培元中学由英国长老会的安礼逊牧师于 1904 年创办，还得到了孙中山先生的资助。

当年孙中山先生在伦敦遭清朝政府绑架拘押，安礼逊的父亲曾参与解救行动。为表谢意，孙中山在 1920 年带头向安礼逊创办的学校捐款，并将亲笔题词赠予培元中学。1980 年，他的夫人宋庆龄女士（中国国家名誉主席）又在丈夫题词的左边题了词。孙中山先生的题词应从右往左读，为"共进大同"，宋庆龄女士的题词从左往右读，为"为国树人"。

安礼逊图书馆建于 1927 年，是当时泉州最高的建筑（除了东西塔外）。图书馆内部仿照当时的教堂风格建造，许是因为这样，直到上世纪 50 年代它还被用来进行教会活动。

菲律宾培元中学创办于 20 世纪 30 年代。台湾有三所培元中学，第一所创办于 50 年代。培元中学近年来屡次扩建与翻新，部分仰仗校友和华侨的慷慨捐赠。最近，学校买下南部的一处工业用地用于校园扩建。

1994 年，国务院副总理李岚清访问培元中学，并亲笔为培元中学题写校庆贺词，词碑现立于一株有 300 年历史的古树旁。2004 年，培元中学举行百年庆典，庆祝学校培养出的学生在商界、学界、政界都取得了非凡成就。泉州培元中学的校友还在海外多地创办培元学校。许多校友以行动践行培元中学的校训，即镌刻在李岚清题词旁的六个大字："真理、自由、服务"。

社区服务

践行培元中学校训的不只有培元校友，似乎还有泉州的基督教徒。自 1979 年福建教会服务重新开始以来，省内已开设了 2000 多个教会，其中泉州就有 200 多个——社区服务是泉州基督徒生活的重要部分。1998 年，福建教会捐赠 80 多万人民币和 10 多万件衣物给长江、松花江和嫩江沿岸一带的灾民。泉州教会向安溪县白濑乡捐款 1 万元人民币，用于修缮小学教室，还为永春县的少数民族提供免费医疗服务。

第七章 探寻刺桐古迹

泉州南少林寺

似乎福建的每个村庄都号称自己有"三绝"：绝味美食、绝色美女、绝命功夫。每个村庄都有自己的传统武术，而且只传同姓人。还有许多人称，所有南少林功夫都起源于泉州南少林寺（虽然莆田和福清也都宣称南少林功夫起源于本地的南少林寺，但 1000 年前，莆田怎么说都是泉州的一部分）。

南少林寺位于东岳山麓刺桐路尽头的体育馆后面。经过写有"前方 600 米少林寺"的路标时，

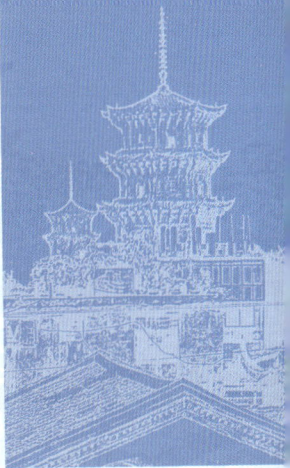

你得留个心眼，实际路程是 1.1 公里。我曾问方丈为何路标距离与实际不符，他告诉我："1.1 公里是开车的距离，但和尚会功夫能直接飞过去，600 米是直线距离。"

泉州南少林寺始建于唐朝初年，相传为河南嵩山少林寺武僧智空入闽所建。该寺几经兴废，1763 年被毁后，寺僧避至崇福寺，继续传授少林功夫。随着南少林武术远播海内外，越来越多的人对这拳脚功夫乐此不疲，最近少林寺终于得以重建。每年，成千上万的功夫爱好者来到这个武术圣地朝拜（顺便参观当地的两所武术学校）。

看！屋檐下的装饰和雕刻刻画出不同架势的南少林僧人，个个英姿飒爽。这可是在其他寺庙看不到的。

释常定方丈

说到少林方丈，我印象中总是白眉长须的老僧，因此从未想过释常定法师不到 30 岁就出任南少林寺住持，并在 33 岁升座方丈！常定法师自 13 岁开始习武，武名远播四海，并积极促成泉州南少林寺的重建。这位年轻的方丈身兼数职，还是武僧团团长、泉州武术协会会长、旅法福建同乡会武术协会顾问和人大代表。他还积极促进与亚洲、欧洲、美洲武术团体和组织的许多国际交流项目。如今，常定法师致力于扩大南少林寺的规模，将禅武文化发扬光大。

石笋

公元 1011 年之前，有人在西城墙外建造了一根 4.18 米高的"石笋"。鉴于有"生殖崇拜"一说，有人认为这根巨笋是出于对男性生殖器的图腾崇拜而建造的，"石笋"只是一种雅称罢了。仿佛生怕我领悟不到这里头的隐喻，我的同伴高声喊道："石笋和那两座山有异曲同工之妙。看到了吗？它们很像乳房！你能看出来吗？"

生殖崇拜在泰国依然存在，想生男孩的新娘都会去摸一摸生殖图腾。我不知道这是否灵验。

据载，公元 1009 年泉州知府高惠连出于个人原因，命人将石笋击断为二；及至 15 世纪，石笋才被修复。

清源山

继海外交通史博物馆、清净寺和开元寺（当然，还有那举世闻名的木偶）之后，我最喜欢的就是清源山了。清源山约 2200 年前首次出现在文献中，1000 年后名声大噪。这个占地 62 平方公里的中国 5A 级风景名胜区位于泉州市北郊 3 公里处，景色秀丽（有"闽海蓬莱第一山"之美誉），人文景观荟萃，是佛教、道教和藏传佛教等许多宗教的圣地。

清源山是徒步旅行者的理想去处，主景区最高海拔也不过498米，即便在炎炎夏日出发，也不至于累得喘不过气。这里幽深寂静，伴随着瀑布和潺潺溪流的声响，绿树掩映的小径自宝塔、寺庙和三十六岩洞蜿蜒而过。过去，洞中供奉着上百尊雕像，朝拜者不计其数，可惜在"文化大革命"期间，这些雕像被红卫兵摧毁了。

从中国最大的道教石雕老君坐像，到碧霄岩的三世佛石雕造像（人们直到凿开泥塑层，才恍然大悟长久以来误以为的汉传佛教佛像，其真面目竟是西藏喇嘛），清源山的宗教遗迹多得令人啧啧称奇。建造草庵摩尼寺——世上最后一座摩尼教寺庙——的那位摩尼教教徒就安葬在清源山上，但没有人知道确切位置。

清源山的热门景点还包括千手岩的释迦牟尼造像、瑞像岩（在左峰）的释迦瑞像和弥陀岩的弘一法师舍利塔。视野最好的当属南台岩，站在上面眺望泉州，美景尽收眼底。现在，你可以轻松、安全地到达这些景点，因为几百年来，无数自然爱好者和宗教信徒开出了路，铺上了台阶——数不尽的台阶！

台阶

"国际花园城市"竞赛的发起者阿兰·史密斯（Alan Smith）在最近一次泉州之行中，擦拭着满是汗水的额头说："中国的台阶只往上，不往下！"

在过去几千年里，中国人在国内的每个山坡和每座山峰上都建起了台阶，连珠穆朗玛峰的中国一侧也不例外，西藏人还在山顶上出售矿泉水、炒西瓜子和花生米。

有好多次，我登上某个偏远的山头，内心暗喜自己是征服此山的第一人，结果猝不及防就看到因长年被游客踩踏而变得光滑的花岗岩台阶。做不成"第一人"自然令我沮丧，但从好的方面看，在中国徒步怎么都不会迷路。

老君岩

宋代雕成的老君岩造像是中国现存最古老也是最大的（高 5.63 米，宽 8.01 米）道教石雕造像，因此被文史界人士戏称为"老子天下第一"倒也名副其实。民间流传着这么一句俗语，"摸到鼻，吃百二；摸到目，吃百六"，意思是说摸到老子石像的鼻子，可以活到 120 岁，摸到眼睛则可以活到 160 岁。其实本还有一句"摸到嘴，死得早"，但这种说法不利于旅游业发展，于是当地人干脆改口说："摸嘴巴，有好运！"近千年来，前来参观的游客纷纷触摸老子，唉，都把他的鼻子给摸坏了。于是，几年前，人们给老君岩围上栅栏并雇用了安保人员。

伊本·白图泰眼中的刺桐

"穆斯林聚居在一个远离他人的镇上……我到达刺桐城的那天，看到一名穆斯林埃米尔，他曾出使印度向苏丹献礼。后来他跟我们一同前行，并在海上遭遇沉船。这位埃米尔接待了我，并把我介绍给海关的负责人，把我安顿好。穆斯林的卡吉、萨伊赫·伊思朗以及一些主要的商人都来拜访我。商人中就有来自大不里士的沙拉夫·阿德丁。我抵达印度时曾求助过一些商人，而他是其中对我最好的一个。他对《古兰经》记得很牢，常常诵读。这些商人住在异教的国土上，每当看到穆斯林时都兴奋不已。他们说'他来自伊斯兰的国土'，并让他领受他们自己财产的什一税，这样，他就可以和他们一样富有了。在刺桐城住着一位来自卡泽伦的伯罕·阿德丁，他也是其他杰出萨伊赫家族中的一员。他在城外有一隐居处。那些商人们向来自卡泽伦的萨伊赫·阿布·伊萨德许愿的钱就是支付给他的。"

灵山伊斯兰教圣墓

福州清真寺的庭院里有一块明朝的石碑，碑文称，公元618年至626年，穆罕默德遣贤徒到华传教，一贤传教广州，二贤传教扬州，三贤和四贤传教于泉州。三贤沙仕谒和四贤我高仕死后葬于城东的一座山上。这两位门徒下葬的墓地被称为"圣墓"，墓地所在的山被称为"灵山"，因为他们下葬后，村民们在山上发现了一些超自然现象（如夜间山坡会发光）。

有人说，最早踏入中国的穆斯林不在泉州，而在公元650年的古都长安。但从坟墓的纺锤状花岗岩石柱来看，它们乃唐朝时所建，至少有1000年历史了。因此，不管坟墓的主人是谁，他们都已在此长眠多年并接受了1000年的敬仰。据说穆罕默德曾发出一条圣训："学问虽远在中国，亦当求之。"所以，他的门徒遭受迫害，逃往非洲时，有的可能就来到了中国（与摩尼教徒和景教徒一道）。

圣墓廊内有多块石碑，其中一块花岗岩石碑刻有阿拉伯铭文，记录了公元1322年对这座陵墓的修复情况。一段碑文写道，泉州的穆斯林

"……修复了这座圣墓，以让最尊贵崇高的真主阿拉得到欣慰，并获得丰厚的回报……两位圣徒在法厄福尔时代（译者注：法厄福尔（Faghfur）源于波斯文，系古代阿拉伯对唐朝皇帝的称呼）来到

了中国。据说他们都是得道高僧。他们死后离开了这块圣洁之地，去往那永恒之地。人们信奉他们，期望得到他们的赐福。当身处困境或进退两难之际，人们便来到这座墓祭祀，以求得到神谕。通过这种方式，他们得到了来此所求之物，回家后逢凶化吉。"

另有一块墓碑记录了与伟大的中国穆斯林航海家郑和有关的故事。1417年，郑和第五次下西洋期间（这次远航中他还访问了麦加），曾来此地祭告行香，当地官员遂立碑纪念此事，上书：

"钦差总兵太监郑和前往西洋忽鲁谟斯等国公干，永乐十五年五月十六日于此行香，望灵圣庇佑。镇抚蒲和日记立。"

郑和献上祭品并祈求平安（这是当时的惯例，就连穆斯林也是如此）。不管这次祈福有没有显灵，郑和游遍了当时已知世界的大部分地区，而且无形中也促进了伊斯兰教在东南亚的传播。

灵山并非穆斯林所独占，这里还散落着佛教徒的墓地，但穆斯林意欲夺回这片土地的所有权。一队由泥瓦匠组成的大军，在揣着复杂图纸的建筑师的指导下，正在建造几十座新的穆斯林坟墓（其中大多数是为了陈埭镇的主要家族——丁氏家族修建的）。

风动石

在导游的带领下，沿着公园小径拾级而下便来到了墓区，在右侧你会看到这块著名的"风动石"，正面还题刻着"天然机妙"四个大字。明朝泉州知府周道光游览此山，见到这一奇石，将其命名为"碧玉毬"，并镌刻三个大字于石上。作为泉州八大胜景之一，风动石的引人之处在于它"风吹欲动，手推能晃"。负责接待我的主人将这个奇迹归功于"安拉的赠礼"，可媲美伊斯法罕的晃塔。

中国有不少文人墨客写诗盛赞这一伟大的自然奇观，明朝朱梧作《咏碧玉毬》诗，曰：

> 湖边球石碧琅玕，太守题名拥紫坛。
> 涌月寒开云母殿，流星秋泻赤瑛盘。
> 动时锦水将轮转，圆处巴山作镜看。
> 几度鹤笙天外过，仙姝闲驻弄珊珊。

"移动这块石头会带来好运！"一位穆斯林对我说，"只有心灵纯洁的人才能移动它。"我暗道，这还不容易，我就是个心灵纯洁的人嘛！于是，我放了根手指在上面，好家伙，一动不动。我接着又用整个手掌、整只手臂试了试，最后压上整个身体——依旧纹丝不动。最后，我们找了根木棍插在石头下面，然后把手机平放在木棍上，三个人合力推了一下——手机终于晃了一下。

"看！快看！"

纯洁的心灵会得到赐福的。

据说石头下方有甘美清泉涓涓流淌，但我来的时候，泉水已经干涸了。我这个异教徒连泥巴也没看到。

法石真武庙

法石真武庙位于市区东海镇法石社区石头街，始建于宋代，内供奉着水神玄武，亦作为"郡守望祭海神之所"。尽管泉州依江面海，水源却不是唾手可得，这点从当地传说中可见一斑。

　　厦门现在的路况比以前好多了。1995 年我从厦门开车到武夷山要花 30 个小时，现在缩短至 7 个小时。1912 年，腓力普·威尔逊·毕牧师在《厦门方志》中写道：

　　"在厦门地区旅行是个相当缓慢的过程，往往要比其他地方令人疲倦——这种疲倦程度是绝无仅有的。

　　"中国南方没有公路。一般来说，最接近公路的就是那些羊肠小道了，它们通往草甸，犹如蛇一般在稻田间蜿蜒盘旋。这些小道比稻田高出一英尺，最初是作为划定不同所有者田地的分界线。

　　"这些公路唯一的管理者便是背负重担的沉重脚步声，一代又一代，繁衍不息。没人去想这些路要不要维护一下。路边没有围栏，也没有路标。陌生人很容易就会迷失方向，一望无际的稻田阡陌交通，似乎可以通向任何地方，但没人知道走哪条路才是正确的。"

▲ 市区今昔对比

上图为过去，下图为现在

▶ 泉州清净寺
  （摄于 1990 年）
▼ 泉州清净寺新礼拜堂
  （摄于 2015 年 12 月）

◀ 华侨大学

▶ 潘维廉在安溪清水岩

◀ 泉州培元中学

（摄于 2010 年 6 月）

▶ 古刺桐城城墙内部

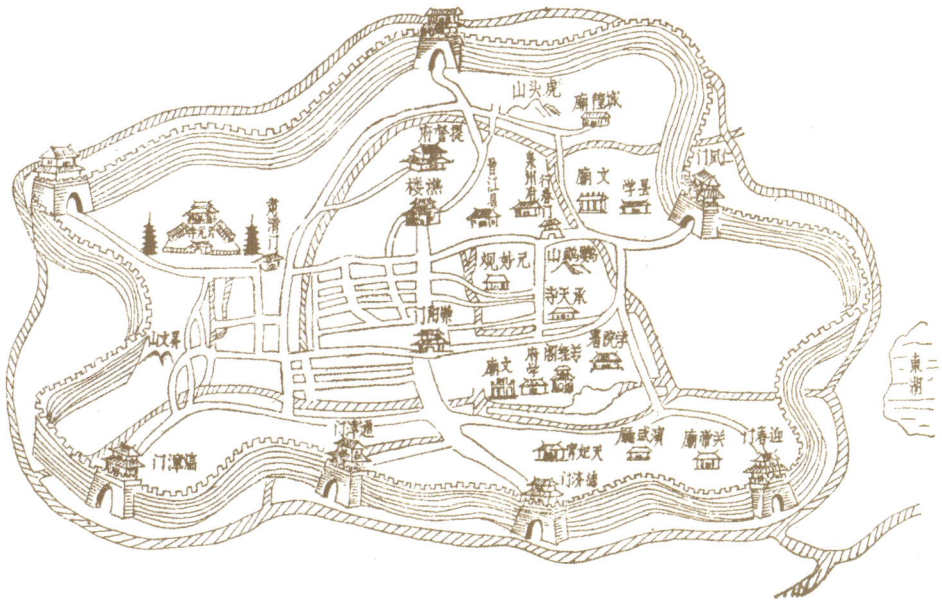

◀ 安溪茶

▶ 崇武解放军庙

▼ 老外在崇武名人石雕前
　　合影

▲ 崇武陈氏古宅
▶ 崇武城门

▶ 崇武风情

▼ 崇武的裁缝
　左图为 100 年前，
　右图为现在

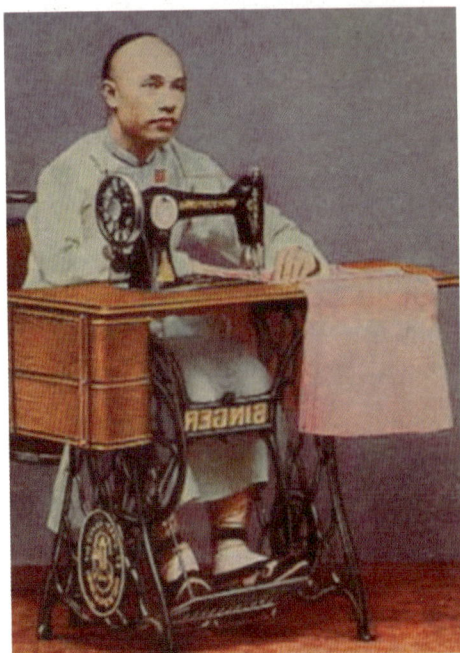

◀ 崇武古城墙

▼ 永春县汉口村的新桥

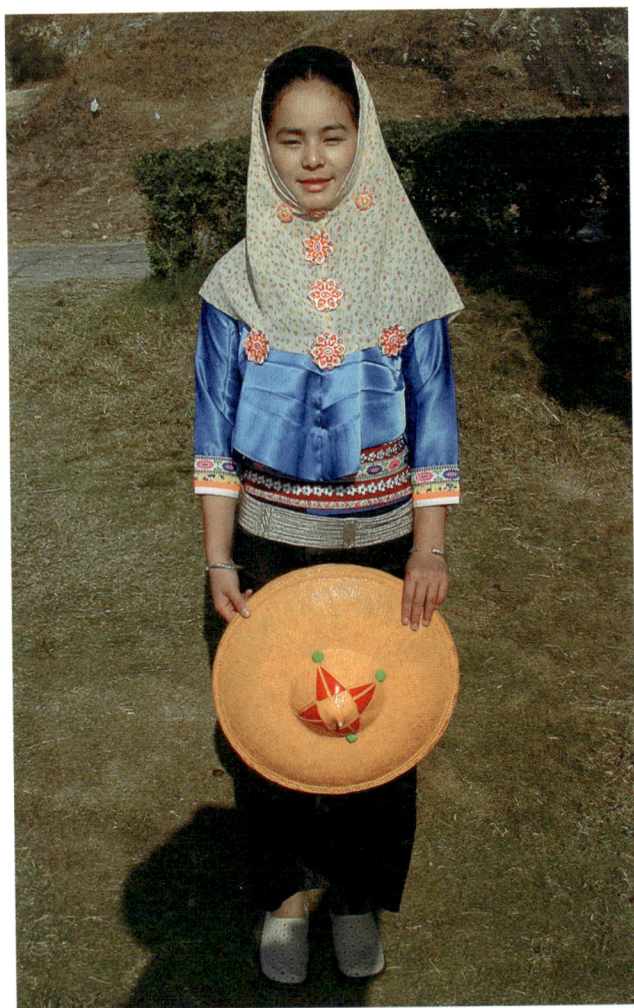

▲ 惠安女

▶ 惠安女在锯木

（摄于 2010 年 6 月）

▶ 惠安影雕

▼ 安溪县湖头镇

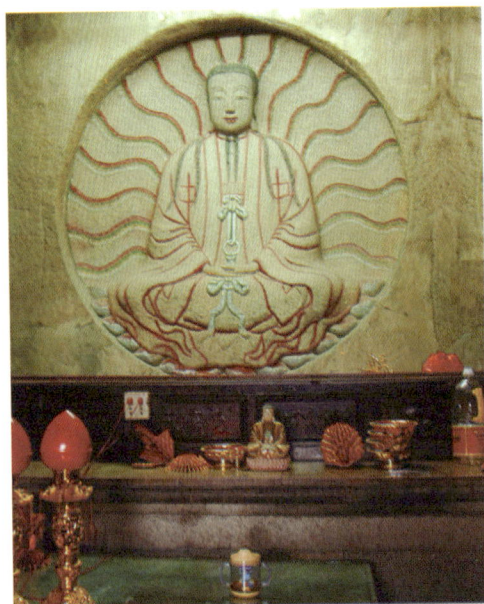

▲ 摩尼

▶ 隐藏在建筑里的功夫元素

▼ 开元寺飞天乐伎

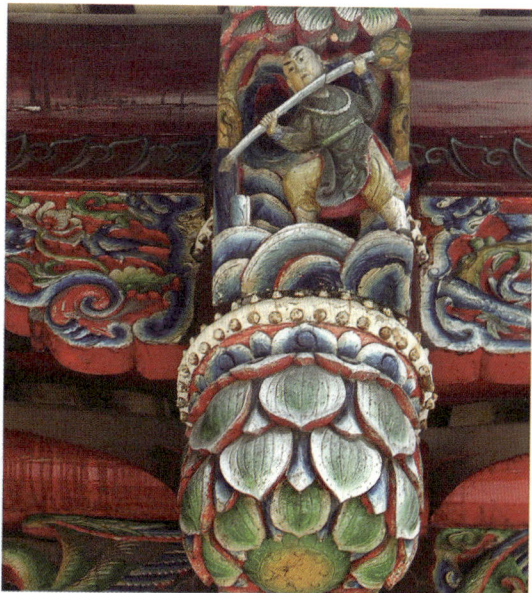

▲ 南少林寺僧人在切磋武艺

◀ 外国学生在海外交通史
博物馆

▶ 海外交通史博物馆木船
建造场景立体模型

▲ 15世纪《马可·波罗行纪》中的刺桐城

▶ 泉州提线木偶

▲ 南安市长欣赏南音演奏

▶ 新旧建筑的融合

▶ 景教徒墓碑上雕刻的天使

▼ 灵山伊斯兰教圣墓

▲ 清源山

上图：凿开泥塑层前（汉传佛教佛像），下图：凿开泥塑层后（喇嘛教石雕像）

▶ 泉州厨师

▼ 潘维廉在清源山老君岩前

◀ 潘维廉代表泉州参加
　"国际花园城市竞赛"
　（摄于 2003 年 2 月）
　阿兰·史密斯（左）、
　苏（中）和潘维廉（右）
▼ 晋江扶西·黎刹广场

▶ 石笋

◀ 古老的闽南建筑与
　高科技太阳能供热

▶ 闽台缘博物馆

▶ 永春篾香

▲ 基督教泉南堂

▶ 温陵美食街

▼ 东西塔

中世纪旅行家伊本·白图泰曾说过泉州人热爱花园和大自然，从现有的公园和自然保护区数量来看，泉州人的这份热爱始终未变。

园林：从微观到宏观

泉州像一个多层花架，层层叠叠地堆放着各式"盆景"：小到老百姓在自家阳台或庭院侍弄的盆栽，大到社区的公园、广场，城市的花园、公园和森林，乃至周边的山川河流。

社区公园、广场和森林这些巨型"盆景"是人们挥洒创意、倾注心血的成果，更体现了人与自然和谐相处的理念。为了打造这些独特的花园，泉州斥资数亿之多。考虑到土地资源有限，人们把空间利用到了极致，比方说，把停车场修建在儿童公园下面，或者推广"垂直"绿化理念（屋顶花园、悬挂式花盆）。

泉州的公园也是各具特色：泉州水上乐园以丰富的娱乐项目吸引着各方游客，是欢度假期的好去处。开元寺矗立千年，古韵悠长，一派宁静祥和。福新花园广场建有音乐喷泉，带来精彩的视听盛宴。宛若仙境的清源山不仅是登山爱好者的向往之地，还吸引着许多道教教徒前来沉思冥想。有些公园收取门票用于支付维护费用，但多数公园尽可能压低票价或免费开放，为低收入家庭提供便利。

西湖公园 差不多每一座中等规模的中国城市都有一个西湖公园，其中最为著名的是拥有悠久历史、于 2011 年列入世界文化遗产名录的杭州西湖。但泉州新近修缮的西湖公园也不见得逊色多少，同样景色宜人。

西湖公园位于泉州市区西北部，原是一片沼泽地，被当地人称为"西北洋"，后泉州政府投资建设滞洪排涝工程，将其辟为公园。如今，长堤和桥梁将几座岛屿连接起来，此地再次成为野生动物和鸟类的天堂。你可以坐上装饰华丽的木船，游湖、赏景、品茶；带上相机，捕捉不时布满树林的野生鸽子和白鹭的身影；参观当地志愿者种植的片片纪念林。

东湖公园　东湖公园位于城区东北隅，草木葱茏，风景秀丽，是泉州旧八景"星湖荷香"的遗址所在。园内景点有星湖荷香、祈风阁、儿童乐园等。

刺桐公园　刺桐公园位于刺桐路，于 1997 年开放。园内有涧涟清音、墨潭映月、屏廊朝旭、曲水流觞、勺湖观鱼、旷野归牧、竹径通幽等景点。

芳草园　令人赏心悦目的芳草园位于新门街，是施琅将军所建四季园中的"春园"，后改名为"崇正书院"。

水上乐园　这个公园规模宏大（占地面积 7357 平方米），游乐项目丰富有趣，收费低廉，彻底赢得了我们家的欢心。夏天，我们经常带上一群孩子，开着丰田面包车从厦门出发，尽兴游玩之后，于当晚返回厦门。我们喜欢这里的七彩滑道、皮艇滑道和造浪池（尽管我家浴缸激起的浪花比它还大）。

金银岛水上乐园（原泉州游乐园）　毗邻泉州南环路展览城。据英文宣传册介绍，乐园占地将近 17 公顷。园内有 30 多个娱乐项目，包括摩天轮、疯狂过山车、激流勇进、激光战车、意大利卡丁赛车等。借用宣传册的话，"这是集娱乐、购物和健身为一体的大型现代化游乐场。"我心动了！

泉州郊外的公园

安溪志闽野外运动生态游乐中心 哇，这名字可真长！这个位于安溪龙门镇的户外运动中心适合游玩一到两天，精彩刺激的户外活动包括漂流（据说是全省最好的）、攀岩、狩猎、徒步旅行、野外生存、茶叶制作（并不比其他活动轻松）等。

德化桃仙溪生态旅游区 在这里可体验竹筏漂流、橡皮艇漂流、徒步旅行等活动，还可以领略南音、民歌、三通鼓等民俗文化。

古老的花园城市

早在700多年前，阿拉伯旅行家伊本·白图泰就注意到泉州人对园艺的喜爱。即便到了今天，这种对自然的热爱也是有目共睹的，从对盆景和阳台植物的悉心照料，到对小区花园、社区公园、城市公园和森林建设的积极参与，无一不是印证。泉州的花园城市建设工作既是靠政府自上而下推行，也是扎根于群众、自下而上开展的。泉州人的美学观还体现在建筑上。

泉州新旧建筑的融合不仅顺应了自然环境，还使文化和历史脉络得以延续。新住宅区保留原有古代中国或外国建筑风格，同时吸收先进技术和创新成果（如太阳能热水器），呈现新旧交融的宜人面貌。虽然首批新公寓楼没有预留多少绿化空间，但泉州市领导秉承"多做、多学"的座右铭，在之后的每个项目都有更多、更好的绿化（部分归功于在花园下面修建停车场等创新举措）。

就像在马可·波罗时代一样，今日泉州的真正财富不在别处，而在于这方水土和这方人。

第九章

桥梁之城

"闽中桥梁甲天下。"

——（明）王世懋

泉州是一座桥梁之城，这既指物理意义的桥，也指象征意义的桥。泉州不仅架起沟通中国与世界的桥梁，还为世界留下许多横跨江河、峡谷、海湾的雄伟桥梁。一想到福建省丘陵连绵、河谷众多的崎岖地形，谁能不说在此地造桥的泉州人技艺高超呢？至宋朝，单闽南地区就建有至少313座桥。

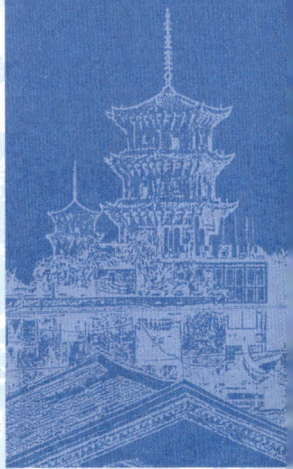

"中国桥梁实乃奇观！好些桥上建起了寺庙、房屋、商铺、人们在上面安家过日子、做买卖。厦门地区至少有两座这样的桥，每座桥上住有 50 到 100 人，或许还有更多。这些桥一般都有很好的承重结构。关于其中一些大桥是如何建成的，虽众说纷纭，却无一实据。

"厦门以西 40 公里处有一座著名的桥……有些当地人会这么和你说：即使是利用任何可以想象的机械，古人也无法将这些巨石运到目前所看到的位置，铺成桥面。于是，他们得出的唯一结论是：这一定是神仙施的法术。

"这座桥叫虎渡桥，是居住在厦门的外国人经常光顾的地方。桥至少长 200 码，架在坚固的石墩上，每个石墩高约 12 英尺。用来铺设桥面的石板又长又重，其中一块长 70 英尺、厚 5 英尺、宽 4 英尺，重约 107 吨。这些庞然大物是如何铺上去的，至今仍是个谜。"

——腓力普·威尔逊·毕，《厦门方志》，

1912 年，第 297—298 页

我最喜欢的桥是屏南县有着 700 年历史的木拱廊桥、莆田市的宁海桥（为保护这座古桥，桥上加铺了一层水泥桥面）、泉州宏伟壮观的安平桥（世界上最长的石桥）和洛阳桥。

实地参观泉州这些神奇的桥梁之前，不妨先透过埃夫丽尔·麦肯基-格里夫（Averil Mackenzie-Grieve）女士（20 世纪 20 年代居住于闽南）笔下的文字一窥它们的魅力：

"格莱奥塔·佩雷拉因从事走私活动，于 1549 年被中国人抓捕并押往福州，途经泉州时，当地人口众多的乡村、'铺设气派的街道'，以及那些'横跨于江河之间……气势恢宏、造型优美的石桥'给他留下深刻的印象。泉州的这座桥比福州的万寿桥更宏伟壮观，只有其北面十英里处横跨洛阳江的那座桥能与之媲美。对我来说，福建这些由花岗岩砌成的大石桥有着难以言表的魅力。这魅力并不在于其举世无双（这些桥被认为是世界上独一无二的），而在于它们以宏伟之姿横跨河流，以宽大的桥墩英勇对抗急流。它们灰色的庞大躯体极具个性，令人肃然起敬，让我联想到大象。谁也说不清这些石头是如何铺设上去的。5 个并排的桥墩立在洛阳江入海口处，支撑着一块块 22 英尺长、2 英尺厚的实心花岗石板，每 5 个并排，铺就了一座 1000 多英尺长的桥梁。桥头立有一尊巨大的石像，那是 12 世纪的建桥者。这座桥的各部分功能自建成后始终未变，及至我们游览时仍是如此。

　　"在我看来，古罗马斗兽场像一个空荡荡的蜂巢，人去楼空，死气沉沉。即使是在卢卡，用伦巴第式砖头和罗马式石块建成的斗兽场像一个熙熙攘攘的蜂巢，但其建造者和使用者早已湮没在历史长河中——变成传说留存在人们的记忆里。然而，宏伟的福建石桥上行人络绎不绝，他们思考、走动、写作、交谈，与他们的祖先在700多年前所做的事一模一样。数百年来，挑担的、抬轿的、步行的，川流不息，生活的大潮从未衰减、冲淡；这种坚韧不拔是如此严丝合缝，如此无处不在，以至于生活在中国的人们自然而然地接受了它，事后才感到惊奇。"

——节选自《生姜民族》

（*A Race of Green Ginger*），第 112—113 页

泉州最负盛名的三座桥要数洛阳桥、安平桥和东关桥。东关桥位于永春县，离大路稍远，所以我们把它放在行程最后，先游览另外两座位于国道324线边上的桥。

洛阳桥

洛阳桥位于泉州以北，是中国第一座跨海大桥，虽长度不及安平桥，但建造的年代更久远。这是我目前最喜欢的桥梁，其中一个理由是建桥者蔡襄的传奇故事。

蔡襄（1012—1067 年）克服了各种难以想象的困难，才在洛阳江上建成了洛阳桥。在这之前，人们想要到江对面去，得花一整天的时间绕行陆面或者冒险乘小舟过河。若是遇上"鬼怪"作恶，常连人带船沉入江中。1053 年，出生于仙游县、19 岁便中进士的泉州郡守蔡襄决定在洛阳江口建造一座石桥，改变这种局面。

在建造洛阳桥的过程中，蔡襄采用了许多创新工程技术，其中一项可能是世界上最早的生物工程技术。桥墩也是一大创新，建成两头尖尖的船形结构，可分水流，减轻浪涛的冲击。富有诗意的中国人将抛石建墩形容为"万帆竞发"。

古代生物工程 采用蝴蝶状的钢楔（"铸铁蝴蝶"由此而来，比开元寺的"紫云盖地"晚了近 400 年）将大量花岗岩石块连接起来，筑就牢固的桥基。为了巩固桥基，人们还在桥下养殖牡蛎，靠牡蛎的天然分泌物把基石和桥墩胶合凝结成牢固整体。

铺架桥梁的花岗岩石板长达 10 米，宽达 1 米，重达 10 吨。每次横跨洛阳桥，我都不由得感叹中国古人的智慧与毅力，光是开凿这些巨石就让我难以想象，更别说把巨石运到洛阳江边，一边与汹涌的浪涛搏击，一边将它们安装到位。

史载表明，宋嘉祐年间建成的洛阳桥长 1200 米，宽 5 米，桥墩 46 座，两侧有 500 个石雕扶栏（可想而知桥墩的承重能力有多强），南北两侧植有松树 700 棵。为增强抵御台风的能力，又在桥上安装 28 尊石狮，兼有七亭九塔点缀其间，武士石像分立两端。

界石　洛阳桥的中间有一方石碑，题刻"晋惠交界"四字，因为桥的中间刚好是惠安和晋江的交界线。

几个世纪以来，洛阳桥历经沧桑，屹立如初，即使在 400 多年前的八级地震中（清净寺的穹顶便是在这一次地震中倒塌），这座桥也只是受到轻微损坏。遗憾的是，洛阳桥躲过了天灾，却避不了人祸，在中国抗日战争期间它被日本飞机炸毁。桥上立有月光菩萨塔，月光菩萨的前额本有一颗月光石，据说能在夜间发光，指引海员到达安全地带——可惜被日本人盗挖，如今仅留一处凹槽。

耗资一百万的修缮　1949 年以后，洛阳桥几经修缮。20 世纪 90 年代初期的一次修复花了 100 多万元。当我问及为何花费如此巨大时，一位官员告诉我："因为现在要开凿一条 10 米长的石板条，几乎要挖掉半座山。"我想，也许他们可以采用短一点的石板，再养多点牡蛎？

蔡襄祠　位于洛阳桥南岸，祠中的石碑上刻着这位伟大建桥者所撰的《万安桥记》。万安桥是洛阳桥的别名。

兴风作浪 洛阳桥边有一块石头久经日晒，留下了天然的形状，极像一条蛇和一只海龟的头。据说，在建造洛阳桥之前，龟精蛇精居住在此，经常兴风作浪。

石头的另一面写着"上帝化身"四个大字。热心的当地人会告诉你，这是佛祖臀部留下的印痕，当年佛祖就是坐在这里，劝说龟精和蛇精不要在此兴风作浪。

四川还是西川 中洲上有一座西川甘雨碑亭，背后有个有趣的传说。相传，明朝时期，泉州府一带久旱无雨，知府方克组织民众乞祈甘雨。显然，玉帝并不精通人间地理，因为他命雨神到中国西部的四川大降暴雨。

雨神奉旨离去，途经泉州，见地表干裂心生怜悯，却不敢私自做主随地降雨。方克灵机一动，给这一地区改名西川，显然他猜想玉帝不识汉字（因为即使"西川"和"四川"发音相近，字形还是不同）。雨神肯定也认为玉帝识字水平不高，于是在泉州大地大降甘霖，故有此"西川甘雨"碑刻。有人告诉我，这是在告诫人们，水是无价之宝，滴滴珍贵。

胳膊和大腿 洛阳桥北有一个村庙，庙额题字乃泉州史上最后一位状元晋江吴鲁所书。

庙里有一尊以古代和尚为原型的红脸佛像，备受当地人崇敬，因为传说当人们无柴火煮饭时，他便用自己的大腿当木柴烧。"这和尚是真有其人！"有人告诉我，"虽然有关大腿当柴烧的故事无从考证。"

我认为他们在跟我开玩笑，于是我也打趣地说："美国餐馆更糟糕，收费很贵，吃饭要花掉一条胳膊和一只腿。"（译者注：英语"an arm and a leg"字面意思为"一条胳膊和一只腿"，意思是"极其昂贵"。）

安平桥

安平桥于近期翻修过，全长2255米，从中世纪至今一直是世界上最长的石桥。安平桥由僧人祖派在1138年主持建造，目的是替代渡船。这项浩大的工程几经续建，于1152年竣工，历时13年之久。安平桥使用了大量花岗岩石板，据说大部分是从金门岛船运而来。此桥初名"五里桥"，因为桥长五里——但我不清楚这里的五里是指长里、短里、官里还是乡里。不管是哪一种"里"，在炎炎夏日走上一趟，行程都不算短，所以不妨放慢脚步。

东关桥

东关桥是一座长廊屋盖梁式桥，构造奇特，造型美观，被列为福建省重点文物保护单位。这座桥位于德化和莆田之间，虽地处偏僻，但值得一游，尤其是在一位华侨捐献 100 万元人民币对其进行修缮之后。东关桥始建于公元 1145 年，位于东平镇东美村，桥长 85 米，宽 5 米，飞架在景色优美的湖洋溪上。

像其他古代木桥一样，东关桥中间辟有一佛龛，屋梁上画着带宗教色彩的图案，桥墩上用巨石叠成支架大梁，两头俱作船型以分水势（如同安平桥和洛阳桥一样）。

厦门桥梁博物馆

虽说这座博物馆在厦门而不是泉州，但离这里很近，是了解中国对世界桥梁建设贡献的好地方。在博物馆里，你可以欣赏到中国及世界各地桥梁的模型和照片。这里还是海沧大桥的最佳拍摄地点（这座美丽的吊桥创下了诸多世界纪录，以后我再告诉你）。

洛阳桥的传说

民间流传着许多关于蔡襄的传说。其中一个传说是，蔡襄先后十次尝试为洛阳桥打桥基，但每次桥基都被凶猛的海潮卷走。多次受挫后，他派一衙吏向龙王求助，也不知道这衙吏打哪回来，只带回一字建议："醋"。蔡襄解读了龙王神秘的启示，桥基终于顺利砌成。

我最喜欢腓力普·威尔逊·毕在《厦门方志》一书中的描述：

"在一次狂风暴雨中发生了一件不可思议的事，并最终促成洛阳桥的建成。一艘大船横渡洛阳江，行至江中，突然狂风大作，浪涛汹涌。船上旅客万念俱灰之际，突然听到天空传来高声的指令，命姓蔡的人在此建造一座大桥。不久，渡船安全到岸。一经询问，人们发现附近只有一人姓蔡，并且新婚不久。巧的是，他的妻子也得到某种神秘的启示，说她儿子将来要修建大桥。

"妇人腹中胎儿适时出生，取名蔡襄。蔡襄长成一个成熟老练的少年，年纪轻轻就当上朝廷官员。蔡母不厌其烦地告诉他当年狂风中所经历的一切、她冥冥之中得到的启示以及他一生的使命。蔡襄被深深打动，并开始想办法获得回乡为官的任命，这样才能完成修建洛阳桥的任务。当时朝廷明文规定，不准文武官员回原籍做官，因此，他也非常困惑，自己的愿望如何才能得以实现。但幸运之神往往会眷顾那些渴求帮助的人。入朝为官后，他无意中读到一篇故事，萌生了一个助他实现愿望的好主意。

"有一天，蔡襄事先细心选中了御花园的一颗芭蕉树，树根处筑有一个蚁巢。他用蜂蜜在树叶上写下'蔡襄蔡襄，本府做官'八个大字。过了不久，皇帝漫步到芭蕉丛前，看到由成千上万黑蚂蚁组成的这行活汉字，惊讶无比。

"他顺口大声念道：'蔡襄蔡襄，本府做官。'蔡襄听罢，赶紧叩头谢恩，感激皇帝对他的任命。虽然皇帝解释说，他不过是念出叶子上的字，并非当真，蔡襄争辩道，君无戏言，不能失信于臣。最终皇帝成全了他的意愿，谕批他任泉州太守……

"蔡襄到任后，立即着手筹划建桥事宜。他当时遇到的最大困难是无法在潮狂水急的海面上打桥基。多日冥思苦想后，蔡襄想到给海龙王写封信，请求他退潮一天，并告知具体日期。可派谁去给龙王送信呢？

"蔡襄问道：'谁人下得海？'一衙吏随即答道：'小人夏得海！'此人误以为老爷叫他，随口应答。于是蔡襄派他赴龙宫送信。夏得海躺在海滩上，想让潮水卷走，以便能向海龙王求助。不想他睡着了，没人知道他睡了多久。他醒来时发现自己还在原地，但身边的信已经不见，换成了一封写给蔡襄的回信。

　　"衙吏连忙把信交给蔡襄。蔡襄打开一看，只见上面写着'醋'字。蔡襄盯着那字冥思苦想，始终不明其意。最后，他把醋字拆开，终于恍然大悟，龙王的提示是廿一日酉时。到了那天，果然风平浪静，潮水大退，桥基终于顺利砌成。"

第十章

魅力惠安

"……惠安县坐落着一处偏远的村庄，风景如诗如画。村外，一尊惠安女雕塑耸立于平原之上，静若处子，四周群山环抱……村庄前面，一条小溪从山腹中流出，虽与外界相连，溪水却澄澈见底，清净无污。其源头深藏于崇山峻岭之中，照不到夏季炽热的阳光，永不干涸；叮当而过的泉水，伴随着突兀的岩石、光滑的石丸、蜿蜒的曲径、小巧的瀑布，一年四季，歌声不断。"

——约翰·麦高文（John MacGowan），《厦门传教纪事》（*The Story of the Amoy Mission*），1889 年

惠安有许多闻名遐迩的东西，包括崇武古城墙（中国仅存的几座古城墙之一，也是保存最完好的明代城墙）、服饰奇特的惠安女（福建最不同寻常的人群）以及连绵不断、与众不同的秀丽沙滩。当地人一提起连绵13公里的沙滩，总会说："美国科学家称这些沙子和地球别处的都不一样，每颗沙粒都有六个面，对身体大有裨益！"

好吧，反正我早已认定这世上无处可媲美这方美景。但惠安最吸引人的并不是那仿若天外来客的沙滩，而是石头，当地人从事石雕创作已有1700多年。

惠安石雕

惠安石匠 惠安103万人口中有10多万人从事石雕工艺。20世纪50年代，北京建造人民大会堂和天安门广场时，从惠安调去了大批石雕师傅，因为惠安石雕历史悠久，技艺巧夺天工，堪称中华一绝。

惠安石雕题材极为丰富，从家具到墓碑，从神灵、妖怪到米老鼠，甚至美国总统，可谓包罗万象，深受中国和东南亚游客的欢迎。（去惠安旅游，记得随手买个石雕回去！）

影雕 惠安的石雕艺人技艺卓绝，却从不自满，他们不断开拓新材料、钻研新技术、开发新产品，影雕就是其中新拓展的雕刻形式。我想，就连弗雷德·弗里斯顿（译者注：美国动画片《摩登原始人》的主角，动画的故事背景是石器时代）看了，也会吵着要一张全家福的影雕吧。

影雕艺人几乎可复制出任何画作或照片。他们首先在抛光的大理石板上画出轮廓，尔后轻敲出图案，接着再小心翼翼地凿点，最后上色。图像形态逼真，栩栩如生。

你只需提供一张高分辨率的家庭照，影雕艺人就可帮你复制，甚至帮你邮寄到家。一般来说，一张 8×10 英寸的照片价格从 300 到 600 元人民币不等，具体取决于所需的雕艺水平（有些影雕仍可见凿点，而有些则与真实的照片无异）。

林禄将军——福建林氏之父 林禄将军是林姓开闽始祖，其陵墓已有 1700 多年历史。据此，我们可推断惠安石雕工艺至少也有 1700 年历史。林禄墓位于惠安北部的涂岭村，沿 324 国道（见到 144 公里路标后）北行约 20 分钟，即可到达。这座陵墓经过重建，覆以崭新的花岗岩雕刻和混凝土，已没有太多具有历史价值的东西，但总会让人想起，福建所有林氏都是此人后裔，而此人又是另一个躲进深山丛林之人的后裔——这点很有意思。

林氏家族的故事

比干是商朝的著名宰相，也是商纣王的叔父。此人为人正直，见纣王愚昧无知，暴虐无道，常常直言劝谏。终于有一天，无情无义的纣王受够了，残酷地命人剖开比干的心脏。纣王怒火未消，想把比干已怀有身孕的妻子一并杀掉。比干的妻子听到消息，赶紧逃走，躲进林中一石屋，尔后生下一个儿子，取名为"坚"。

若干年后，武王伐纣，推翻商朝，改立周朝。周朝皇帝敬佩比干的正直，遂找到其儿子坚，并赐姓为林，以此纪念他因受树林庇护而免于一死。

据此，比干的后裔是林禄，而林禄又是所有福建林氏的祖先，其后人包括伟大的民族英雄林则徐、著名的作家林语堂以及海神妈祖（原名林默娘）等。

（曲微微同学讲述）

崇武古城

在中国仅存的几座明城墙中，崇武古城墙也许是保存最为完好的。崇安这座迷人小镇位于泉州海岸线北部，坐落在呈牛角状的惠安崇武半岛上，居住着着装独特的惠安女。此镇古称"兜塞"，原是一处易守难攻的军事哨所，历来极受将士（如著名的民族英雄郑成功）看重，后明朝开国皇帝朱元璋将其易名为"崇武"，意为"崇尚武备"。这座古石城值得一游，而且幸运的是，如今你再也用不着走"流产路"到那里了。

"流产路" 20 世纪 90 年代，要去崇武只有一条路可通行，路况极其糟糕。当地甚至有这样一种说法，凡是孕妇都会因无法承受那凹凸不平的颠簸之旅而流产，故此路又称"流产路"。第一次从厦门到崇武，我花了整整 8 个小时，一路上下颠簸，好几次头撞上车顶——要知道我的头离车顶足足有 45 厘米高！令人欣喜的是，如今这条路顺畅无比。但放在一个世纪前，即使是 8 个小时的行程也足以称得上奇迹了。20 世纪，腓力普·威尔逊·毕牧师曾这样描述从福州到泉州的旅程：

> "……需要五天才能走完。这条路紧临海边，荒凉萧瑟，一毛不拔，冬天的时候更是苦不堪言……"

现在，从厦门到崇武只需两小时车程——一路高速！

花岗岩滨海石城　崇武古城全部采用惠安当地的花岗岩石垒成，城墙共长 2.4 公里，是现存保护最完好的明城墙。在惠安，不管白天黑夜，处处可见男女老少用凿子和石头埋头创作，从寺庙里的狗到花园里的灯笼，再到米老鼠，石雕工艺品种类繁多，复杂精致。他们居住的房子也是用花岗岩搭建的，我可以肯定地告诉你，这种房子冬天很冷！

叹为观止的古城迷宫　神奇的崇武古城宛若迷宫，让人很容易迷失其中。当然略，走出去也并非难事，你只要认定某个方向一直朝前，走到死路就爬上城墙，辨明方向后再爬下来继续走，遇上死路再重复上述做法，最终肯定能走出去。我也考虑过拿一条长绳，在腰上缠绕几圈，一边走一边放绳，但一些满脑子想着做生意的惠安农民可能会剪断绳子，拿去卖钱。经过反反复复的尝试（大多情况是失败），我终于理出了一条清晰的进出路线。

古城有好几个大大小小的城门。沿着狭窄的道路往前走，尽头就是城门，进入城门，里边有一座新教教堂，把你带回到 300 年前的时光——只是路上那些疯狂的摩托车手沿着城墙左右摇晃地飞驰，喇叭响个不停，时不时会把你拽回到现在。沿着小路走下去，左边就是陈氏祠堂。

陈氏祠堂　我把脑袋探进陈氏祠堂的院门，还没来得及窥探一番，一位老奶奶就朝我咧着嘴笑，一边嘟囔着方言，一边走过来抓住我的胳膊，领我进屋喝茶。陈家人带我参观了他们的古宅，欣赏先祖的画像和照片。

据说，他们祖祖辈辈已在这古宅生活了几百年，大部分东西都还保留着原貌。真没想到，陈家老奶奶还有一间一流的厨房。当然咯，这也不足为奇，因为中国人不仅精于烹饪，而且善于享受美食，他们总是把大把的时间花在烹饪和享受美食上。

他们的儿子正蹲在一个大面盆前，制作崇武有名的鱼卷。陈家做鱼卷已有好几代，我向他们买了将近 5 公斤重的鱼卷，回家后送给朋友。切片煎着吃，味道好极了。

T 形交叉路口 我在崇武古城内的认路标记是 T 形交叉路口处的寺庙。在 T 形交叉处向右拐，然后沿着南门街一直往前走，就来到靠海边的城门。一路可遍览闽南建筑的圆屋顶、飞雀脊。当然，请别错过陈师傅的裁缝店，陈师傅使用的"闽江"牌缝纫机已有 100 年历史，确实跟那些 100 年前的缝纫机没什么两样。现在的缝纫机构造大致相同，不同之处在于机轮重新改造过了。旧缝纫机现在依然好使，工作时不需用电，绿色环保。

送给台湾热乎乎的面包 近海处停泊着许多来自台湾的白色船只。崇武港离台湾台中港 151 公里，比离厦门港更近，是中国大陆第一个台轮停泊点。崇武和台湾两地的老百姓常开玩笑说，在崇武新鲜出炉的面包，经过 2 个小时的横渡，到达台湾时还是热乎乎的。

灯塔　从寺庙对面的城墙爬上去，往北一直走，便到了灯塔。环绕四周走一圈，古城全貌尽收眼底。那延绵的半月湾沙滩以及晶莹剔透的沙质定会让你心醉（惠安有好几公里长的美丽沙滩）。然后你可以原路返回，或继续沿着城墙走（这样可避开送葬队伍，以免你到时候被挤得动弹不得）。

葬礼　似乎我们每次去崇武观光，都会碰到一支长长的送葬队伍，队伍中有花钱雇来的职业送丧者和表演人员，甚至还有——塑料婴儿？通常在队伍的最后，会有几个男子抬着个轿子，里面装着几个未穿衣的塑料玩具婴儿。我也问过这些婴儿的寓意，但他们也是一无所知，也许是代表着重生？

崇武古城里的街道很窄，碰到送葬队伍就无处可躲，只得背紧贴着墙壁，双手捂住耳朵，抵挡那些震耳欲聋的铜钹声、击鼓声、喇叭声和唢呐声。在我看来，这些刺耳的声音与其说是在慰藉死者，不如说是在试图弄醒他们。

送葬队伍看见我们这些背贴着墙壁的老外，感到不可思议，诧异得止住哭声，盯着我们，好像我们不像远道而来的洋鬼子，而更像是来自地狱的魔鬼。我向他们挥挥手，他们就微笑着回应，尔后又继续忙活手中的事，悲痛欲绝地哀号起来，好像是在为刚才的突然中断而愧疚。

中国人的"盯视" 经过一个世纪的洗礼，有种东西几乎一成不变，那就是中国人的"盯视"。几乎到处都能看到中国人围着老外，盯着他们看。这偶尔会让人感到不自在，但换个角度，想想我们老外也会盯着看某些不寻常的人或事，于是便能释怀了。比方说，我在洛杉矶认出一位电影明星，肯定会多看人家几眼；看见一个穿长袍包头巾的阿拉伯人，也同样会盯着人家看。所以，让我们直面"盯视"吧。再说，我们这些老外游客在崇武曲折狭窄的街道上闲逛时，不也一直盯着当地人看吗？更过分的是，还把他们劳动、生活的情景当作展品进行拍摄。所以说，当人们围着我们这些奇异的老外盯视时，抑或有父母领着孩子，手指着我们说，"瞧，小梅花，那就是外国人！"（对此，我通常的反应是："我也没办法啊！"），我想那都是可以理解的。况且，围观群众也十分友好。其实，这种对于外国人的友好早在 1889 年就初露端倪了。

1889 年，麦高文撰写《厦门传教纪事》时，中国人正因两次鸦片战争失败的屈辱而群情愤慨，老外自然是不太受待见的。但即使在那种情况下，中国人一旦跟你混熟，就会表现得很友好。麦高文在书中写道：

"围观的人群越来越富有同情心了，讥诮的表情也逐渐消失了。他们极其看重品行，我想没有什么比实实在在的善行更能触动中国人的心灵了。随着心灵上的震动，那种冷淡无情的表情逐渐被发亮的眼神、真挚的情感所代替，这真是巨大的变化，它让你更贴近中国人的心，也预示着将来更多奇迹的发生……"

因此，面对中国人友好的"盯视"时，请坦然接受吧。

惠安女（改编自《魅力厦门》）

由于崇武半岛与大陆相对隔绝，居住在此的古代百越人难以被汉文化所同化，许多独特的文化与服饰得以延续至今。作为古代百越人的后裔，惠安女是福建最具特色的人群（尽管她们同样是汉族人），她们以独特的习俗与婚俗吸引着越来越多游客和社会学家的关注。

独特的服饰　流传至今的一首打油诗形象地勾画出了惠安女的服饰特征："封建头，民主肚，节约衣，浪费裤。"惠安女用头巾把头裹得严严实实，只露出一张脸，下着裤管宽大的裤子，上穿又短又紧的衣衫，连肚脐都遮不住。一个崇武女孩告诉我，这是因为在闽南话中肚脐（bazai）与发财（facai）读音相似，露肚脐有为夫家招财之意（译者注：已婚惠安女才会露肚脐）。她接着解释，惠安女常常要弯腰下海拉网，上衣做得紧而短不容易被浸湿，方便劳作。

头巾　惠安女头巾很多，数量恐怕赶得上伊梅尔达·马科斯（Imelda

Marcos）（译者注：菲律宾第十任总统之妻，因奢华成性而被诟病）的鞋子。同行的黄女士告诉我，惠安女一般有 120 条左右的头巾，有的甚至有 300 多条。"我是圆脸，包上头巾会让脸看起来瘦长漂亮。"她解释说，"许多上了年纪的惠安女认为头巾会使她们看起来更年轻。"

彩礼 未婚的惠安女身上通常会系一条宽大的彩色刺绣腰带。显然，黄女士已经结婚了，她系着一条很沉的银腰带（重量在 0.6—2.95 公斤之间！）。银腰带不仅是惠安女收到的彩礼，也是她们维持婚姻的保障。"我丈夫不敢离开我，"她说道，"他全部身家都系在我的腰上。"

恐照相 惠安女不喜欢照相是远近出名的。据黄女士说，许多惠安女都很迷信，认为拍照会让人折寿。这让人忍不住琢磨，她们怎会对照相一事如此消极？

"喜"结连理 我很喜欢惠安女的服饰，我在厦大 MBA 中心的办公桌上就有一尊小小的惠安女塑像。但我并不认为她们把肚子暴露在外是为了不弄湿上衣。我想，女子以这种撩拨人的方式示人，只不过是"报复"卑劣的男子罢了。

相传，很久以前，一个年轻女孩拒绝嫁给一个富家子弟。可是，这个富家子弟非她不娶，于是把女孩捆绑起来，强行带走，不顾女孩的苦苦哀求和激烈反抗，与她成婚。直到今天，惠安女衣袖和腰身上的花纹图案还会让她们回想起先辈所遭受的悲惨束缚。由此，我不禁认为，惠安女的婚俗其实是对天下男子的一种永恒报复吧。

奇特的婚俗　惠安女的婚俗古老而奇特，新婚之夜夫妻不能同床，新郎须借宿朋友家。结婚第二天，新娘才能问候夫家家人，同时赠送礼物给长辈。到了第三天，新郎的姐妹会领新娘到村里的井里打两桶水。经过五天各种各样习俗的洗礼，新娘便回娘家长住，直到生育子女后，方可住进夫家。我不禁好奇，新娘何时才能怀上孩子呢？

孩子出生前，妻子和丈夫不能同住，就连交谈也不允许。即使夫妻在街上擦肩而过，也得当作互不认识。男方到女方家做客，女方须躲在屋内，直到男方离开。他们一年只有三次团聚机会，即春节、清明节和中秋节。

惠安女的婚俗也许令人觉得麻烦，但她们吃苦耐劳，白天出外劳作，用纤细的肩膀挑石挑谷，晚上回家忙活家务，粗活细活样样干得出色。而她们的丈夫，或出海捕鱼，或在采石场雕凿，或骑摩的载客，或坐在茶馆里唉声叹气。

崇武的宗教信仰

宗教是崇武人生活的重要组成部分，从惠安女的婚俗中，我已探知一二。每逢节日，崇武人都会到十二爷宫里献祭、烧香、点烛。近年来，很多当地人也会去新近修复和扩建的新教教堂。这座教堂始建于19世纪80年代，但直到1995年基督徒做礼拜时还是坐在用树干劈成对半做成的简陋长凳上，好在这些长凳如今都已换成有靠背的长椅。崇武当地人去天主教堂做礼拜的也越来越多。但到目前为止，崇武最奇特的庙宇当数供奉着27尊解放军塑像的解放军烈士庙。

解放军烈士庙 你可能很难想象有这样一座庙，里面传出的不是佛经念诵，而是雄壮有力的革命歌曲。这座庙就在崇武，由曾恨女士筹建。她一见到我，就大笑着过来拥抱我，好像见到失散多年的浪子归家一样。庙内铺有一张窄窄的红毯，一直延伸到祭台前。她一边领我参观，一边给我讲述背后的故事。

13岁时，曾恨随父母从新加坡返回崇武。第二年的一天，即1949年9月17日，她正在沙滩上玩耍，突然，台湾的轰炸机俯冲而下，炮弹呼啸着砸向海滩。千钧一发之际，英勇的解放军战士奋不顾身地冲过来救她。曾恨得救了，那场轰炸却夺走了24位战士的生命。从那以后，曾恨女士常到烈士墓前烧香、上贡品，表达对牺牲战士的感激和崇敬之情。

1991年，她用筹得的60万元修建解放军庙。起初，部队一直反对，担心她会无端生出一种宗教来，但等庙宇修建好后，部队觉得此举有利于老百姓缅怀先烈。多年来，前来瞻仰这"天下第一庙"的部队首长不在少数。

供桌上插着香，供奉着水果、糕点、罐头、矿泉水、酒、炒瓜子等祭品，后面是 27 尊手工雕塑的小型解放军塑像（另外 3 位牺牲在崇武的解放军烈士也被雕成塑像一并移入庙中），个个全副武装，身上配有步枪、手枪、对讲机、哨子、急救箱以及战士的其他必需品，四周摆放着坦克、飞机、警车、战船、电话等模型，以及一架粉红色的塑料钢琴，键盘上还有一个小丑。

从 13 岁至今，曾恨几十年如一日地为这些烈士烧香奉果，以表达对他们的崇敬之情。

石雕工艺博览园

在我看来，崇武古城的最大吸引力当然来自城墙！然而，面对中国保存最完好的明城墙，许多中国旅客只是匆匆一瞥，便走向海边的石雕园，那里是崇武最大的旅游景点，新立有 500 尊雕像。我想，何必呢？在"流产路"两侧的商店和厂房里，石雕工艺品成千上万，可以免费看个够。可一走进石雕园，我就改变了想法。

园内 500 多尊雕像取材自历史和文学作品（如《红楼梦》）中的人物事件，看得人如痴如醉。梁山一百零八将的人物群像也很受欢迎。中国人似乎很崇拜将军，换成我的话，绞尽脑汁也讲不出 10 位美国将军的名字。

石雕背后藏着丰富多彩的故事，请个导游为你讲解一番吧！就拿我来说，在导游讲解之前，我压根想不到那头光滑的黑牛是石头雕成的，而且拍打它还会带来好运。尽管在我听来这像是瞎说八道，但我还是拍了拍石牛，它立即发出像钟声一样的声音。我还特别喜欢那尊胖乎乎的弥勒佛，我对向导说，它看起来就像是迪士尼的小矮人。"不！"他回应道，"它可比迪士尼的小矮人强多了！"我想，这一番话肯定引起了他们的焦虑，因为几个月后我再次来到这里，赫然发现弥勒佛后面立着一尊花岗石雕成的米老鼠——也许只是为了装饰罢了。

孝道 一组含24尊石雕的群雕展现了二十四孝的民间故事，同时也体现了儒家的孝道观。恣蚊饱血：8岁的吴猛赤裸上身，让蚊子咬吸自己的血，使年迈的父亲免遭蚊子叮咬。卧冰求鲤：王祥恶毒的后妈冬天里叫嚷着要吃鲤鱼，他毫无怨言，平躺在结冰的河流上，以炽热的身体融化冰块，终于破冰得鱼。乳姑不怠：心地善良的女子用自己的乳汁喂养年事已高、牙齿脱落的婆婆；尝粪忧心：孝顺的儿子遵从医生嘱咐，品尝父亲粪便，了解病情吉凶。

黑猫和白猫 我最喜爱的是石雕园里两尊巨大的石猫，它们体现了邓小平的经典名言——不管黑猫白猫，捉到老鼠就是好猫。瞧，那只黑猫抓着一只老鼠，尾巴上还有一枚中国古钱币。看到这，我突发奇想，在石猫前面为惠安人吴世农教授拍张照多么合适，因为他肯定会"抓老鼠"（有关他的故事请见本章末）。

大地艺术　许多游客看到散落在岸边的巨石时都会不由得多看几眼，因为有的看起来像鱼，有的像乌龟，宛若在水中若隐若现地游动。"大地艺术"出自浙江一个艺术教授之手，他用娴熟的双手略施雕琢，一块块岩石就成了各种各样的海洋生物。我站在一块巨石上面，还不知道它就是一条巨鱼。还好，我不是约拿（译者注：在《圣经》中，约拿被鱼吞入腹中）。

惠泉啤酒

泉州的安溪茶闻名海外，近几年，惠泉啤酒的名气也后来居上。我并不十分热衷于喝啤酒，但真正的啤酒爱好者声称惠泉啤酒是中国最好喝的啤酒之一，作为海鲜的佐餐酒更是一绝。

惠泉啤酒公司大力投资青岛啤酒（青岛曾是德国殖民地）和进口啤酒，获得了丰厚回报。我们先在吴世农教授的带领下，参观规模庞大的现代化惠泉啤酒工厂，之后又到市区的啤酒花园（位于旧惠泉啤酒厂门口）参观。在那里，同行的朋友品尝着各种各样的啤酒，而我却盯着后墙上的一幅雕塑作品发呆，那幅作品很像是一片巨大的大麻叶。

我确实不懂得品鉴惠泉啤酒，因此，我登上 www.beeradvocate.com 网站查看啤酒爱好者留下的评论，其中一则来自用户名为"Stoutman"的评论让我印象深刻，摘录如下：

"来自中国的惊喜！！！！入口清爽顺滑，经过充分发酵后麦香浓郁，果味怡人，是名副其实的小麦啤酒。更奇的是，这种啤酒呈淡绿色，比我曾经品尝过的任何一种传统小麦啤酒更显得有苦味。平心而论，我并不喜欢小麦啤酒，但这款却是例外，确实不错。"

木雕

除了号称中华一绝的石雕工艺，惠安还以木雕闻名，当地建了不少能制作精美木雕的工厂。我不请自来，大摇大摆地踏进惠安聚盛雕艺公司。尽管知道我没有购买欲望，该公司的卢培养总经理和他16岁的儿子卢东强还是很热情地招待我，献上茶水，带我参观四层高的厂房。

卢先生介绍说，大部分惠安木雕都是供出口的宗教用品，非宗教木雕则多由靠近福州的莆田或仙游制作。令人称奇的是，优质的木料配以高超的技艺，生产出各种各样头戴假发、身穿盛装、上过油漆或镀金的木雕产品。当我问起为何不用塑料或陶瓷替代昂贵的木料时（其实效果看起来是一样的），卢经理解释说："这是传统工艺，寺庙也更喜欢木质的。"

神像 眼前的无数木雕神像让我想起一句中国古话："雕佛者，不拜也。"我不知道这些是何方神圣，在地球上（或者在中国）谁会来祭拜它们。例如，那尊着装华丽的神像，带着红盖帽，膝部紧扣着一叠金币，看起来像回教徒——我这么推测一点也不牵强，毕竟，穆斯林商人是古代东方最杰出的商人。可是穆斯林并不崇拜神像。曲微微同学仔细看了看，发现它是拿督公（即马来西亚华侨供奉的土地公）。据说，回教徒移居马来西亚后，发现当地人崇拜土地公是为了祈求好收成，便沿袭了这种习俗，把金币叠放在所祭拜的神像膝部，让神明知道富有创业精神的中国人需要的是哪方面的收成。

曲微微同学给我们讲述了三种最常见的神像背后的故事，我将其记述如下，希望能带给读者一些启迪。

济公活佛

它是雕塑和绘画中的常见主题，也是中国最具传奇色彩的人物之一。济公又号"济颠"（意为疯和尚），他虽嗜好酒肉，却深得百姓喜爱，因为他一心扶困济贫，彰善瘅恶——俨然是中国的罗宾汉或佐罗。

济公原名李修缘，于南宋年间出生在浙江省一李氏家族。他12岁便中秀才，后出于对佛经的痴迷，皈依佛门，取法号"道济"。他行为叛逆，喜食肉（尤其是狗肉），常常喝得酩酊大醉，一副疯疯癫癫的样子，因而得了个"济颠"的绰号。杭州灵隐寺的飞来峰上有一岩洞，至今还留有许多"济公床"

"济公桌"等济公遗迹，据说这是因为济公曾到那里烤狗肉、畅饮酒。

济公以一把破扇做武器，凭着魔力般的双手，舞起扇子来比锋利的剑更具杀伤力。他用这把神奇的扇子，为弱势群体打抱不平，惩治贪官污吏、地主恶霸。用"路见不平，拔刀相助"这句中国古话来形容济公的行为，简直再恰当不过。像佐罗一样，济公在打抱不平时常使些小神通，让恶人看起来荒谬可笑，赢得了广大受压迫者的爱戴。

《济公传》就是有关这位疯和尚的故事。有些人把济公当成五百罗汉之一，但因为佛教教义不允许他的出格举止（尤其是饮酒和吃狗肉），他的塑像总是被置放在寺庙的通道上，而没有跟其他罗汉摆放在一起。

哪吒

这个留着滑稽发型的胖小孩也经常被作为绘画、雕塑和民间传说的题材。其实，哪吒这一人物源于印度神话，其本名为那吒俱伐罗（Nalakūvara）。据说，哪吒是李靖将军的第三个儿子，他在母亲腹中待了 3 年，出生时像是一个圆球，因此父亲把他当怪物看待，很是嫌弃。

哪吒的师傅送给他一个神奇的礼物——乾坤圈，正是这礼物使他遭遇劫数。一天，他正在海边舞弄乾坤圈，没料到它威力如此之大，搅乱了龙王的水晶宫。哪吒本意并不想惹是生非，但愤怒的龙王还是派儿子与哪吒决斗。在决斗中，哪吒杀了龙王之子。蒙受丧子之痛的龙王决定诛杀李靖将军的整个家族（李靖乃一介凡人，地位远远低于高贵的龙）。为拯救家族，哪吒剔骨削肉，自戕而亡。所幸哪吒还有个法力强大的师父，他用一朵莲花为哪吒重塑肉身，之后哪吒成了最初的莲花童子。随着时间流逝，这个故事衍生出多种版本，在民间广为流传。在《西游记》里，哪吒甚至还与美猴王孙悟空决斗过（但最终还是沦为孙悟空的手下败将）。

黑白无常

这两名鬼差在一众雕像中格外显眼，又长又红的舌头垂伸而过下巴，耷拉在胸前，一副凶神恶煞的模样。白无常面色惨白，一身白衣，头戴白帽，上书"一见发财"四字；黑无常脸色黝黑，一身黑衣，头戴黑帽，上书"天下太平"四字。这两句话都很吉祥，但死后再拥有这富贵和平安又有何用呢？因此，中国人都很惧怕看见黑白无常。

白无常和黑无常性格迥异，所做之事却异曲同工：杀人后，把人的魂魄带入地狱。在地府里，人们要先经受各种各样的酷刑（如过奈何桥，喝孟婆汤，忘掉生前诸事），再接受阎王的审判。

等人忘却前尘再加以审判，这似乎有点不公，不过，不管喝不喝孟婆汤，在中国神话中，人死后都要去见阎王。

吴世农教授——惠安籍企业家

等你与惠安籍企业家相处几年，就不难理解为何惠安经济发展如此之快了。我身边就有这么一个人，他就是厦门大学 MBA 中心的吴世农教授（现为厦门大学副校长）。他身上充分体现出当地人的聪明才智和进取精神——正是这些让古刺桐成为一座"光明之城"，并在衰落后重新焕发光芒。

吴世农教授出生于惠安县，1974 年高中毕业后，恰逢"文化大革命"，进厂当了 4 年工人。新中国成立前，他父母经营着一家小杂货店，因店铺较小而在后来逃脱了被打上姓"资"标签的命运。自那时起，吴氏家族就显现出了经商天赋。

1949 年后，其父母在国营商店当营业员。如今，他们拥有两幢楼房和好几个店面。吴世农有三个姐姐和一个哥哥，哥哥经营着一家小钟表店，大姐退休在家，二姐经营着一家有三部货车的小型运输公司，三姐在惠泉啤酒厂工作（三姐夫是个警察，在我的某次崇武之行中当过我的向导）。

和家庭其他成员一样，吴世农也是位企业家。我曾开玩笑说，他的名字应改为"无事不能"——只要他想去做，没有什么难事可言。这样一个才华横溢的人选择投身中国的未来——MBA 教育，为之倾注心血和才智，我何其有幸能与他成为同事。

1978 年，吴世农进入厦门大学，主修经济学；1986 年，获加拿大达尔豪斯大学 MBA 学位；1987 年起，攻读厦门大学与达尔豪斯大学联合培养博士课程，其中两年在厦大，一年在达尔豪斯大学；1994 年在美国斯坦福大学任富布赖特学者；1995 年，回到厦门。

吴世农教授全身心投入于中国的管理学教育事业，从参加 1987 年至 1989 年的初步可行性研究，到加入中国 MBA 教育的测试小组（由来自 9 所大学的 18 名教授组成），他见证了中国管理学教育的每一步发展。

1999 年，吴教授被推选为中国经济与管理实证研究领域最具影响力的 10 位教授之一。这位著作颇丰的教授自撰 4 本书，合著 3 本，在顶尖期刊上发表论文 60 多篇，还协助翻译斯蒂芬·罗斯（Steven Ross）的畅销书《公司理财》（*Corporate Finance*）。他还是中国研究证券市场效率和金融信息对资本市场影响的第一人。

早些时候，吴教授在 *General Accounting Research* 上发表了一篇关于中国会计的论文，引起了不小的轰动。可能因为他不是会计师，传统经济学家严厉抨击他的观点，但年轻一代学者却认同他的论点和方法。在学术研究中，吴教授发现全局的视角至关重要——"资本市场与财会信息之间相互关联、相互影响，并影响到投资者的决策"。

在研究经济学和统计学时，吴教授提道：

"1991 年，中国的资本市场刚刚建立，无先例可循，也不提倡实证研究。因此，1995 年，我开始思考这个问题。那时，由于有较好的信息库，我很快能够证明——资本市场的确会受到金融信息和公司公告的影响，于是我着手开展进一步的研究。1993 年，我撰写了第一篇关于资本市场效率的论文，但当时上海和深圳的证券交易所里，总共只有 16 家公司可供研究，数量确实少得可怜，但毕竟这只是试水之作。如今，证券交易所可以提供更多样本，有时甚至有 1000 多家公司。你可以发现，当中有相对稳定的模式值得去探索、检验，你也可以把西方资本市场理论应用到中国的现实进行比较、分析，从中可以看出不同之处进而研究此种不同的成因，的确很有趣。"

谈到厦门大学 MBA 教育，吴教授说：

"国内只有少数几所大学能授予管理方面（所有专业）的综合性博士学位，厦大便是其中一所。1990 年 7 月，厦大成为中国第一所能授予 MBA 学位的高校，一周以后，南开大学紧跟其后。当时，MBA 学位还不是正式的，毕业证书上注明的是'经济学（工商管理硕士）'。学生对此颇有微词，我们便改称之为'经济学硕士（工商管理）'。

"像厦大一样，南开大学也开始与加拿大合作办学。南开首届毕业生的学位授予比厦大的 MBA 晚一周，因为国家要求南开大学按照厦大 MBA 的程序授予学位。"

工作之余，吴教授还努力扮演好丈夫和父亲的角色——从他女儿身上可以看出，他是位称职的父亲。吴教授的女儿是位数学奇才，英语和语文也很好，成绩在学校总是名列前 15 位。将来，她打算学习新闻、法律或管理，先进入北京大学，之后再到哈佛大学、斯坦福大学或剑桥大学深造。

第十一章

南安——郑成功的故乡

九日山

官方认定的海上丝绸之路起点并不在泉州，而在南安的九日山，距泉州城西门约 7 公里。

汉族人不在沿海地区定居的理由，说大不大，说小也不小，是——蚊子。沿海地区满是能传播疟疾的蚊子。人们经过大举开荒，疏干疟疾衍生的沼泽地，终于能够移居海边。因九日山是块风水宝地（"风水"是能预示生活方方面面的中国式占卜），人们也就一直将其作为海上丝绸之路的起点。

从晋朝到宋朝，被流放泉州的衣冠士族每年九月九日登上此山，登高远眺，寄托乡思，久而成习，故称此山为九日山。在这里，人们为中外贸易商舶举行祈风仪式，向"通远王"（或许可以看作加州公路养护部门的前身）祈求行船平安。

延福寺　它是福建最古老（又有人说是第二古老）的寺庙，始建于288年，位于九日山脚下，南面临河，东、西、北三面环山，形状像一张太师椅。九日山是一块风水宝地，几百年来也是书法名家一处别致的砚墨台。

书法　虽然延福寺是九日山的三十六景之一，但九日山真正吸引人之处在于石壁上的书法作品。我的中国导游夸口说，九日山享有"山中无石不刻字"之美誉。"那不就和美国地铁的涂鸦差不多。"我附和道。说到这个，九日山上还有英文碑文呢——不是涂鸦，是正儿八经的碑文。

联合国教科文组织的考察记事石刻　1991年联合国教科文组织海上丝绸之路考察团参观九日山，留下一方英语碑文，还有多种西方文字的签名。英语碑文翻译如下：

　　"在九日山最后一次祈风仪式之后700余年，我们，来自非洲、美洲、亚洲和欧洲的联合国教科文组织海上丝绸之路国际考察队员，乘坐阿曼苏丹提供的'和平号'考察船来到这里。作为朝圣者，我们既重温这古老的祈祷，也带来各国人民和平的信息，这也正是联合国教科文组织丝绸之路综合研究项目的最终目标。丝绸之路是一条对话之路。海上丝绸之路国际考察团，1991 年 2 月 15 日留。"

这里最值得一看的碑文是那些记载南宋泉州地方官吏为求得行船顺风，举行祭海仪式的文献（我猜这就是联合国教科文组织所说的"祈风"仪式）。其他留下碑文的名人还包括著名理学家朱熹、洛阳桥的修建者蔡襄。奇异的是，其他书法家都是把碑文写在宣纸上，再由人印刻到石壁上，而蔡襄却是直接在石壁上书写。但我转念一想，对一个能从海龙王那里得到造桥秘诀的人，还有什么事做不成呢？

"在林博士家，我们遇到了一位著名的书法家。大家请他给我们写幅字，只见他轻挥手中的毛笔，奇迹般地赋予纸张以生命和韵律。他下笔优美、精确到位，好像双手是在唤起已经存在的美，而不是在做机械的工作。看来，中国人已经知道，真理和美是不能一蹴而就的。"

——埃夫丽尔·麦肯基·格里夫

山顶附近建有一水泥亭（外观极像木亭），纪念一位在此居住了 23 年、深受当地人尊敬的诗人。一块正面平坦的圆形巨石上刻着"翻经石"三个大字，以纪念公元 300 年在此居住的印度僧人（其印度名叫拘那罗陀，中文名叫真谛三藏），据说是他把印度佛经翻译成汉语。从石头上刻画了象棋棋盘这一点判断，当时他应该还有同伴。

此地最奇特的居住者当属一位在小山洞住了 44 年的和尚。有人说他是中国人，也有人说他是印度人。不管怎样，他毕生生活在那狭小黑暗的山洞里，实在令人难以置信。

石佛　比泉州的老君岩造像还要早 300 年，其头颅于"文化大革命"期间丢失，后来的水泥佛头乃惠安的工匠制作——如今它可以更好地思索人生哲学啦。

蔡资深古民居建筑群

闽南村文化地标　想尽情了解 19 世纪闽南人的生活，可以参观位于官桥镇以南、324 国道以西 2 公里处的蔡氏古民居。这片有 16 座汉式古厝的建筑群由蔡资深于 1865—1911 年间修建，现仍有 200 多人居住其间。蔡资深是南安人，有 3 个兄弟和 10 个儿子。他 16 岁随父亲漂洋远渡菲律宾，历经十余年苦心经营和积攒，成为当时菲律宾的巨富，在菲律宾的史书上留下英名后，功成身退回到南安，为自己和子孙后代"雕琢"这一民居群。

无与伦比的蔡氏古民居　蔡氏古民居真正引人注目的是随处可见的石雕、木雕和泥雕，从花岗岩墙根到精细的陶瓷屋檐，处处工艺精美，图案古博，美不胜收。因不计其数的雕刻，闽南一带流传着一句谚语，"有百万富，无蔡氏厝"。

古民居的馆长是蔡资深的五世孙，他沏好茶招待我们，并带我们游览古民居。古民居的通道由石板材铺成，下面是下水道；每排建筑之间有隔火墙；古厝前还有宽敞的庭院用来晒谷子。一踏入民居，蔡馆长就告诉我，闽南古厝有 3 级台阶，分别代表天、地、仁。古民居有 4 扇大门，循闽南"右进左出"的传统习俗而建，告诫人们从右门进时要牢记"尊重父母"，从左门出要牢记"如兄弟般尊重他人"。但是，绝对不能从中间两扇门进出房屋。

门

传统的房屋有 4 扇正门，中间两扇画上色彩鲜艳的守门神像，平时总是上闩，只有皇帝进出才开。其他任何人，包括房屋主人，只能从边门进出。

2020 年，一个闽西人打开他家正门，冲我说："正门通常只为皇帝而开，今天为你破例一次！"他把手一挥，做出一个礼貌的迎宾姿势，但在众目睽睽之下，我不敢轻易跨过门槛。于是，我说："即使是我们美国鬼子也没有那么胖！"趁主人听完哈哈大笑，我急忙从右门溜进去。

明朝的泡沫塑料　一张有破损缺口的"美人靠"（顾名思义，乃裹脚美人展示自己、消磨时光的地方）露了马脚：并不是木头而是某种白色的材料。我靠近一看，发现它居然是聚苯乙烯泡沫塑料！对此，我并没有过于惊讶。中国人可以发明任何东西，为什么就不能是泡沫塑料呢？不过最后我得知，有一部关于郑成功后代的 20 集电视连续剧曾在这里拍摄，这不过是剧组遗留下的一个道具罢了。

奇特的水井　中国人喜欢水井，而且年代越久越好，比如清净寺有 1000 年历史的古井，武夷山闽越宫有 2000 年历史的古井。当地人都无一例外地拍着胸脯打包票说，井水如同开挖时一样清澈（无视数十年来游客掉落在水井深处的眼镜、相机和手帕）。蔡氏古民居内的水井年代并不久远，但据说颇为奇特：井水冬暖夏凉。为了证实这种说法，吴世农教授特意从井中打了一桶水，似乎的确不暖也不凉。古井旁还有蔡家的石浴缸，家中女孩就近打水洗澡，总喜欢在水里加一些芳草增香。

贞女妈祖？ 祖传下来的佛龛供奉着众多神佛，其中有一尊飘着白胡子的本土佛像，这尊小菩萨的来历曾引发争议。有人认为它是圣母玛利亚，因为蔡资深毕生大部分时间生活在主要信奉天主教的菲律宾。也有人说它应是佛教中的观音菩萨。还有人说她应该是妈祖，像玛丽一样，也是贞女，或者她们甚至是同一个人。对于这些争论，我不予置评。

兼容并蓄的建筑风格 谈到这里的建筑，真搞不懂他们究竟信仰什么宗教！一面墙基上刻有一幅印度荷花图案，而不远处却是穆斯林风格的屋檐（顺便一提，只有朝廷七品或以上官员的府邸才允许在屋脊上雕龙）。

猫和老鼠 很多雕刻作品以历史故事或寓言为题材，或能带给人一些有益的教训和启发。一面墙基上，一只用花岗岩雕成的老鼠正咬开葫芦，打算偷油喝，还不知道自己马上就要大难临头—— 一只花岗岩石猫可在旁边盯着它呢。另一面木墙上的雕刻以二十四孝故事为题材，和我们之前在崇武石雕工艺博览园看到的差不多，如恣蚊饱血、卧冰求鲤、乳姑不怠、尝粪忧心等。我们还可以从无头骑士身上得到一两点教训……

无头骑士 "文化大革命"期间，红卫兵打砸抢烧，就连位于偏僻山村的许多珍贵文物都没能幸免于难，更何况离公路这么近的蔡氏古民居。他们大肆破坏雕刻，或将其涂抹得一塌糊涂，或凿开砸毁，留下了许多缺鼻子少眼甚至没头没脑的雕像。于是，蔡氏古民居的无头骑士比"断头谷"里的还多（译者注："断头谷"[Sleepy Hollow] 是一部于 1999 年上映的美国惊悚片）。

典雅的古家具 按照美国人的标准，这些房间装饰太少，显得空荡荡的。也许他们讲究贵精不贵多，家具为数不多，却件件精致。有一个房间几乎是空的，只摆着一张嵌有大理石花纹的红木圆桌和一圈圆凳。还有一些古朴的天蓬床，在古董店要花几千美元才能买到，虽说你也可以退而求其次，到仙游县去买漂亮的仿品。（曾有一位安溪的农民朋友告诉我，他们刚把一张具有 200 年历史、雕工精美的天蓬床烧掉了，就因为他祖母在那张床上去世了。你能想象得到我听完后的失望之情吗！）

古宅修缮 无数的雕刻和绘画虽好，但我更欣赏的是实用的整体空间布局，以及房屋的一些细节布置，如可以从两边滑动的百叶木窗。如果说当时蔡式古民居建筑群是斥巨资修建的，那么今天政府花在房屋维护方面的支出也不菲。原南安市市长陈先生介绍，政府已投入了 100 万元修复房屋和安装消防报警系统，还雇请了安保人员保护古民居。可惜的是，这些保安不是 30 年前雇用的，要不他们也许可以阻止红卫兵敲掉浮雕上骑士的头。

天籁之音 在蔡氏古民居的大门前，我们遇到一些正在演奏传统乐器的老年人。他们弹奏着动人的南音，陈市长也劲头十足地随着乐曲吟唱起来。但说实话，用带着浓重鼻音的闽南话吟唱音调极高的南音，我不太喜欢。我想，我一定是把这种不喜欢暴露出来了，因为拉二胡的弹奏者略带歉意地解释说，南音表演者其实自由发挥的空间有限，因为南音对应古代五声音阶，只有五个音符。但在我听来似乎有数十个音符轮换跳跃，只是没一个是我熟悉的。不过我还是微笑地告诉他："没关系，我虽然八个音符都知道，却五音不全。"

南安美食

参观完蔡氏古民居，我们以一顿南安美食（属闽南菜系，但有一些我在别处从未见过的新花样）慰藉一上午的疲惫。我特别喜欢佐花生酱的炸羊排，由芋头、香菇、蚝干制成的喷香芋头饭。我本以为自己接受不了当地的特色菜鱼鳔煲，但尝过之后发现味道确实不错。我们还吃了松子苦瓜盅和东星斑。东星斑是南安卖得最贵的鱼，即使在沿海地区，一斤也要卖 175 元。要我说，这鱼的名字起错了，应叫"五星斑"才对，它的味道堪比五星级酒店的佳肴！享用了一盘美味的蒸蟹后（中国人说这是寒凉食物），上了开胃的热姜茶，据说这样可以平衡人体的"燥热"，也为更好地品尝下一道菜清清味觉。

陈市长告诉我们，陈嘉庚先生的女婿是南安人，抗日战争爆发以后，厦门大学资金主要由其女婿提供，因此厦门大学与南安有很深的渊源。当然，说到南安人最喜欢的儿子，怎能不算上从荷兰侵略者手中收复台湾的郑成功呢？于是，我们又跋涉前往郑成功纪念馆。

郑成功纪念馆

郑成功从荷兰侵略者手中收复台湾，是中国人和日本人眼中的大英雄。首先，郑成功有一半日本血统——出生在日本，母亲是日本人，父亲是中国南安人。日本人也十分赏识他的勇敢、忠诚，19世纪有关郑成功的戏剧在日本有如莎士比亚戏剧在英国一样流行。郑成功死于台湾，也葬于台湾，直至1699年，他的孙子才将其迁柩归葬在故乡。时至今日，台湾仍有100多座郑成功庙。

郑成功碑林　郑成功纪念馆陈列有照片、画作和器物，纪念馆右侧有一片碑林，雕刻着历代名家的书法作品。当我问及他们如何让这些名人不辞劳苦，把一个个文字刻到石碑上时，导游用奇怪的眼光看着我，似乎我不是来自另一个国家，而是另一个星球，然后解释说："这些名人并不是直接把字刻到石碑上，而是写在宣纸上，由石匠描摹到抛光的花岗岩或大理石上面，再雕刻出来。"

我听不太懂具体的过程，但十分欣赏他们的创新精神。实际上，有些名人的书法作品太有创意了，结果连中国人也无法辨清每个字。或许这些是医生的处方？

独特的文字　在一方石碑上，所有文字组成一朵精美的玫瑰花。另一方石碑上，书法家用优美的古汉字逼真地刻画出其代表的事物（如日、月、山）。数百年来，书法家就是这样追求风格，结果汉字也就变得无法辨认了。有一位书法家运笔独特，结果整幅作品看上去如同一位古代文人（我无论如何也搞不明白上面说了什么）。

读书和好枪法　展馆还保存着郑成功的墨宝，其中有一句"至乐无如读书"，意在警示世人读书的重要性。这或许是对的，可好枪法同样是有百利而无一弊，尤其是在郑成功焚儒巾儒服、投笔从戎以后。爱德华·鲍沃尔·李敦（Edward Bulwer-Lytton）说过"笔的威力胜于剑"，我却认为，只有把笔换成枪，这句名言才有道理。

参观完纪念馆和碑林，可以到山脚下看看郑成功的故居，最后参观郑成功陵墓。

民族英雄郑成功

郑成功（荷兰人称其为 Koxinga）生于 1624 年，卒于 1662 年。郑成功的故事还得先从其父郑芝龙说起。

郑芝龙出生在安海港入海口处的石井镇（安平桥的所在地）。早年，郑芝龙在澳门学做生意，后东渡日本，将葡萄牙人经商准则用到海盗生意上。至 17 世纪 20 年代，毫不夸张地说，郑芝龙的庞大船队已经统治了福建沿海。1626—1627 年，他攻占厦门岛，从此这里成了他从事海盗和走私活动的基地。1628 年，郑芝龙归顺明朝，作为回报，被授予朝廷官职，还被提拔为福建总兵（实际上他的地位跟以前相比，并没有多大改变）。至此，郑氏家族成了福建省实际上的最高统治者。他花巨资在泉州以南的安平（安海）修建府邸，以墙为护，这里也逐渐成为繁华的贸易中心。

郑芝龙积累巨额财富的另一条途径是向经商者收取保护费，这些人从不敢拒绝，因为郑芝龙当时拥有 1000 多艘船和一支私人水师。清朝攻占福建后，郑芝龙拱手投降，这也注定了他日后的命运，因为反对他的不是别人，正是他的儿子郑成功。

郑芝龙忙着从事海盗活动，婚姻大事也没耽搁，娶了位日本姑娘田川氏，生下一个儿子，取名福松（后改名为郑成功，在荷兰语中为 Koxinga）。传说郑成功出生当晚，星星坠落，天神合唱。

郑成功 7 岁时，郑芝龙把他送回南安老家读书。从古至今，做父亲的都是如此，总想把自己小时候缺失的东西都给孩子——对郑芝龙来说，即大量功课。

郑成功学业优秀，挺过了繁重的课业压力，21 岁那年，进入南京国子监深造。此时的他做梦都想不到，自己的未来不是读书做学问，而是与海盗、政治扯上了关系——这与清朝铁骑入关有关。

在李自成的农民军推翻崇祯皇帝后，明朝灭亡，满族人轻而易举地填补了中国的权力真空，建立清朝。1646 年，清军攻占福州后，郑成功的母亲田川氏在厦门被满族人凌辱，后自缢身亡。郑芝龙降清后，儒家孝道使郑成功也不得不顺从（还记得前面提过的儒家二十四孝吗？），但由于某种原因（或许是母亲的死），郑成功最后与父亲分道扬镳。

1647 年，年仅 23 岁的郑成功带着 90 多名追随者，开始以鼓浪屿为基地，进行反清复明的斗争。

郑成功将厦门易名为"思明"（至今，厦门两条最主要的街道之一仍以思明命名）。鼓浪屿上的日光岩是他的指挥中心，也是操练水师的基地，只有那些能够提起 500 多斤重的铁狮走上一段路的士兵才能入选郑成功的左右护卫。

郑成功的士兵身穿铁盔铁甲，手持绿色弓箭，用长剑砍杀敌人坐骑。这个策略是郑成功在上学时研究长城得到的灵感。（据说，古人修建长城，害怕的并不是入侵之敌，而是他们的铁骑。因为对汉人来说，要战胜马背上的游牧民族很难，可是一旦游牧民族下马，问题就好解决了。）

1661年4月21日，郑成功率领战舰一百多艘，将士25000名穿越台湾海峡，驱逐荷兰侵略者，收复台湾。这一战几乎要了郑成功的命，但也为他赢得了海峡两岸人民永远的尊重。1662年1月27日，荷兰人投降，郑成功的士兵兴高采烈地玩起了"博饼"（如果你在闽南或台湾过中秋节，你也可以参加博饼活动）。但是郑成功的身体却每况愈下，1662年6月23日，郑成功不幸在台湾病逝。一个中国史学家沉痛地说，郑成功是"死于操劳过度"。也许大家应该从中吸取教训。

郑成功的儿子郑经子承父业，但郑成功的后代最终被施琅残杀，因为当年郑成功对施琅不公，并大大低估了他。

施琅将军

在郑成功下令处死施琅时，施琅还只是郑成功成千上万名士兵中的一员，籍籍无名。施琅侥幸逃脱后，郑成功下令处死了其全家。

多年以后，清朝皇帝想要废除郑成功后代在台湾的势力，遂向宰相李光地询问，应派哪位将领担此重任。李光地是泉州安溪县湖头镇人，你可前往该地参观其故居。

李光地知道施琅对郑氏家族的仇恨，于是力劝皇帝不要指派对此事不带私人感情的北方籍将领，而极力推荐有杀父之仇的本地人施琅。施琅当然乐于与残杀其全家的郑成功的后代交手。但在取得胜利后，施琅并没有采取报复手段，而是准许郑成功的后代回到泉州，把郑成功的遗体迁柩归葬于南安。既有强悍的军事才能，又在处事上心怀仁慈，同时拥有这两种品质实在难能可贵，这使施琅获得了广泛的尊重和钦佩（尽管掌权后，施氏家族最终也一样卑劣）。

施琅将军受后人缅怀的另一功绩是他在1684年（康熙年间）对南普陀寺的重修和扩建。施琅增建"大悲殿"，供奉观音菩萨，把寺庙的名字由"普照寺"改为"南普陀寺"。寺庙里的巨大铜钟就是重建南普陀寺时铸造的。施琅还奉皇帝旨意，扩建位于湄洲湾的妈祖庙，因为他深信，自己能够攻克台湾，多亏有妈祖神灵处处护佑。如果你想瞻仰这位英雄，可以去参观他的陵墓——不在南安，而在泉州北部。既然说到这里，我再啰唆几句关于坟墓的故事吧。

人们都期望能在中国古墓里发现一些真正有历史价值的东西，然而，大多数陵墓就像林禄的坟墓一样，更侧重于让这些显赫的达官贵族住得舒适，而不在于保护历史遗迹。一些重要的坟墓遭受盗掘，经过新石方和混凝土修复，那些年代古老的雕刻早已消失得无影无踪。当然，一些放置于博物馆的，可免遭日晒雨淋，也不必担心受损和失窃。我想，坟墓的管理人至少应张贴一块公示牌或一张图片，说明墓地原有哪些雕刻，以及这些雕刻的去向。

王潮墓

一本中文书中提到过王潮墓周围有许多令人称奇的古老动物石雕，这让我心向往之。于是，我开着丰田车前往，经过一段狭窄弯曲、坑坑洼洼的小路，穿过一个小村庄和一片田地，终于抵达目的地后，呈现在眼前的却是一方建筑工地！

宏伟的拱门令人印象深刻，但我踏遍了整个工地，什么古迹也没找着，除了一小块蜷缩在草丛中的石羊残片。失望至极！但施琅墓却令人赏心悦目！

施琅墓

在324国道洛阳江北岸，有一块标示牌指示游人，前往施琅墓应朝西走。我猜想，施琅墓应该就在路边不远处，结果却发现它在 15 公里之外，驱车足足要半个小时，害我一路不时停车问路，以免错过目标。尽管不太好找，这还是一处值得一游的古墓。从停车场的规模上判断，当地人期望有更多游客前来参观施琅将军的安息之地。

显然，整个墓地近年修缮一新，别具风格。连接墓地的石板小路横跨一条小溪，迂回在被修剪成拱形的灌木间。施琅将军被安葬在山坡上的古墓里，他的两位夫人分别安葬在两侧。新近雕刻的花岗岩官员护卫着将军墓，前面还有两排保存完整的石雕动物。

这是一片规模宏大的古墓，值得驱车一游。

第十二章

安溪——中国乌龙茶之都

没有福建茶，就没有美国？

1773 年 12 月 16 日，愤怒的美洲殖民地居民伪装成美洲原住民，将 342 箱福建茶叶倾入波士顿港，抗议英国殖民者开征茶叶税。这么看来，可以说是福建助美国铺平了独立道路。虽然不能确定安溪茶叶是不是波士顿茶党倾倒的五种福建茶叶之一，但安溪茶在当时的西方世界已经广受欢迎。

长期以来，福建一直是中国的茶都，而泉州安溪县则是乌龙茶的主要产地。乌龙茶一度风靡欧洲，价格昂贵，只有皇室成员才喝得起。关于饮茶的

起源，民间众说纷纭。一种说法是，菩提达摩（公元前 530 年左右将大乘佛教禅宗带入中国）为了在禅定时不至于睡着，割下眼睑，掷于地上。掷眼皮处生出植物，叶子肖似眼睑。幸运的是，这些叶子能够冲泡出具有提神作用的饮品，帮助没有眼睑的菩提达摩及其弟子在打坐时保持清醒。

这是一个有趣的故事，但我不以为然，因为早在菩提达摩令人瞠目的故事发生之前，中国人就已经开始喝茶了。许多中国人认为，饮茶始于神农时代（公元前 2737—公元前 2697 年），距今已有 5000 多年历史。关于茶文化起源的最早实物证据来自西藏和西安的古墓，证明距今 2000 多年前的汉代就出现了饮茶行为。神医华佗（约 145—208 年）也在其所著医书中提及茶的效用。西藏古墓中发现的茶叶证明，丝绸之路早在 2000 多年前就已存在，饮茶从那时起逐渐普及开来，及至唐朝，已成为中国人最重要的消遣方式之一，与吟诗、作画、习字、奏乐、练武等所有中国特有活动一道，在过去 5000 多年间不断完善。

中国人宣称，茶不仅好喝，而且能够治疗从白内障到阳痿的各种疾病，在道家的长生不老药中，茶叶还是主要成分。我想，茶叶还是一种"瘾品"，因为我们这些洋鬼子在一个世纪内发动了两次鸦片战争，用枪口对准中国人，强迫他们吸食鸦片，就为了平衡贸易赤字，以毒品换茶叶（以及丝绸和瓷器）。

在波士顿倾茶事件中，殖民地居民将茶叶扔进大海，由此，茶叶为美国独立战争点燃了燎原之火。但今天，让"老外"和"老内"都为之"疯狂"的茶可跟中国人过去煮泡的调制品有着天壤之别。

外国人往往用优质茶叶冲泡茶汤，再添加奶油和糖。对于这一行为，中国人嗤之以鼻，殊不知在 1500 年前，天朝子民不仅往茶汤里加糖，还加米、姜、盐、橙皮、香辛料，甚至还有洋葱！现在除了藏族人（他们仍将酥油添到茶里）和闽西的客家人（他们将肉和蔬菜捣碎加到茶里，以"擂茶"待客），中国人已经不那么做了，唯一用来泡茶的东西是纯净水，用泉水则更佳。当然，如果两者都没有的话，用流动的河水也是可以的——这要么是因为今天的茶尝起来更香，要么就是中国人已经养成了习惯，可喜可贺。闽南人烹饮茶汤讲究优雅从容、清简纯朴。许多人认为，繁复而精细的日本茶道源于闽南茶道，但是，日本人几乎把备茶、奉茶和品茶当作一种宗教仪式，而中国的茶道则保留了一种简单的务实主义。中国人确实在很多事情上讲究仪式感，但当涉及吃喝时，他们的首要目的不是为了遵守礼节，而是为了取悦味觉。

如果你在安溪或闽南的其他地方，请务必感受一下闽南茶道，品一品闽南茶。谁知道呢？没准儿它真的可以帮你祛除百病。

茶道

"中国的嗜茶者从未将茶艺发展成像日本那样错综复杂的茶道——顺便一提，中国人并不喜欢日本茶道，因为在喝茶时如此拘泥于精细的礼节，与道教的自然随意背道而驰。然而，中国确有一种茶艺，被称为'茶术'。

"……无论是在室内还是室外，但凡气氛安宁，环境和谐，心情愉悦，最宜品茗。然而，即便有环境、茶友、茶叶、水以及茶具这五个重要因素的绝妙组合，如果缺乏泡茶的特别心态，那么茶叶将无法发挥其神奇功效。

"这种关键的心态是正念……

"当一个人放下过去，摆脱将来的束缚，完全集中于当下，即为正念。这时候，二三好友相聚一堂，泡一壶好茶，方能调动听觉、视觉、嗅觉、味觉以及感观，尽情享受茶带来的一切乐趣。不过，如果因为恭敬而沉默、场面过于正式或者过于忸怩，这种乐趣就会消失。"

——约翰·布洛菲尔德（John Blofeld）

安溪茶——生命之水？

中国人在说教方面实在不屈不挠，尤其是涉及中药和茶时。比方说，看到我感冒流涕，身边的每一位邻居、每一位同事，以及校园里的每个学生都会跟我搭讪，让我服用定能药到病除的中药，或者强迫我吞下二十多粒用蟾蜍毒液做成的小小黑色药丸（我可不是在开玩笑！）。有一个家伙向我推荐一种中成药，拍胸脯保证可在三天内治愈感冒。我反问他，如果真有这么神奇，为什么他女儿都感冒一个多星期了还不见好。他看了我好一会儿，开口解释："你的感冒跟我女儿的不一样。"

同样，我的每一个中国朋友都拿他们在学校里学的"咖啡对你不好，喝茶有益健康"，对我反复念叨。美国和日本的科学家已经发现，在抗癌方面，绿茶的功效是红酒的两倍、维生素 E 的 35 倍；在保护细胞及其DNA 方面，绿茶的功效是维生素 C 的 100 倍。当然，在中国的嗜茶者看来，西方科学家的观点还是略显克制了，他们相信茶叶就是道家苦苦追寻的长生不老药，传说中的生命之水。

安溪茶可以治百病？

有"中国长寿茶"之称的安溪茶曾在 2001 年举办的福建省茶王争霸赛中勇夺第一，是一种家喻户晓的"药用"茶。一个网站声称，这种据说有 2200 年历史、用安溪茶叶制成的药茶（2200 年前安溪都不知道在哪儿呢！）能够在细胞层面上促进人的机体再生、对抗自由基侵害、延缓细胞衰老、为肝脏解毒，还可以"治疗神经紊乱、动脉硬化、心血管衰竭、早衰、包括脓肿在内的各种皮肤病、肝肾功能不全、类风湿性关节炎以及痛风"。仿佛读懂了我的心思，接下来的内容是："令人遗憾的是，桀骜不驯的西医拥护者不仅拒绝涉及茶叶的一系列绝妙药方，还恶意阻断它的传播，称其为明晃晃的骗局。这也是安溪茶叶在西方国家还鲜为人知的原因。"

我肯定是那桀骜不驯的西方人之一，因为每当听到人们说西伯利亚人、厄瓜多尔人和中国人能活到120岁，都是喝了安溪茶的缘故，我就纳闷，身在万里之外的这些人究竟是怎么喝上安溪茶的？难道通过亚马逊网购？

寻访茶乡

如今，安溪茶叶生意可谓红红火火，加工厂不断扩张，茶叶源源不断地进入市场。尽管如此，你还是能够碰到传统茶农，他们仍在采用历史悠久的方法和自制机器，生产质量上乘的茶叶。想要找到他们得靠当地人或导游帮忙，但非常值得一寻。他们会认真、虔诚地取出并不昂贵的小小红色陶土茶具，冲泡自己加工的茶叶。

想要寻到这样的农户，最好前往龙门镇（位于安溪县城以南）等地的小村庄。给你一个建议：给当地的小孩带上一大包糖果，相信你会与不少小朋友结下难忘的友谊。

另一个建议：给他们拍照！村里的老人去世后，家人都会在墙上挂上老人的照片，表示怀念。但对小农户来说，拍一张 8×10 英寸大的照片算是一笔不小的开支。当你到乡下旅游的时候，不妨给他们拍拍照片，把他们的地址记下来，照片洗出来后寄给他们。你会结交到一生的朋友——甚至有可能更长！

安溪之旅

安溪的魅力远不止于茶！每次我来到这座小县城，总能发现新的历史、文化和自然宝藏。比如，我去过偏远的湖头镇至少十几次，因为那里是我们家保姆李西的故乡。自 1988 年以来，李西就一直同我们住在一起，如今她已是我们家的第五个成员了。但是我对湖头镇知之甚少，唯一知道的，便是当地特产——米粉。湖头米粉细腻柔韧，清香可口，是闽南最好的米粉。直到去年，我才知道李西出生在一间具有 500 年历史的土房子里。

越是深入探索安溪，就越能发现其迷人魅力。每次我到安溪，都能感受到变化。安溪特有的文化、宗教传统活动以及节庆活动每月（甚至可能是每周）举行一次。庆祝活动会吸引镇上一半的人参加，而当老外开着丰田车出现时，另一半人也会赶来凑热闹！

清朝宰相李光地故居　我到过湖头镇不下 10 次，却不曾想到这个略显闭塞的小镇出过清朝名相李光地。他曾向康熙皇帝力荐施琅，后施琅统率军队将郑成功的后人驱逐出台湾。

李光地故居位于安溪县湖头镇湖二村，始建于 1698 年，建筑面积 3120 平方米。

清水岩寺　这座巍峨宏伟的三层庙宇始建于 1083 年，位于蓬莱镇蓬莱村森林茂密的蓬莱山上，依山傍水的风格颇像西藏的布达拉宫，是中国景致最美的庙宇之一。1277 年，清水岩寺毁于一场大火，僧侣们筹集资金，重建殿宇。经过多年重修扩建，清水岩寺终于恢复本来面貌。

清水岩寺是佛教徒心中的圣地，香火遍及世界各地，光台湾的清水祖师庙就不止 100 座。一本旅游宣传册称，清水岩寺每年接待的游客超 60 万人次，其中的原因不难理解——这座寺庙非常漂亮。但在我看来，最吸引人的地方在于这里山清水秀，风景幽洁，古树成林。其中有一棵耸天古樟，树干极粗，要 6 个人手拉手才能抱住。这棵古樟树名叫"枝枝朝北"，相传南宋抗金英雄岳飞被奸臣所害时，此树所有枝叶向北伸展，以示哀悼。

九峰岩 蓬莱镇另一座位于悬崖边的庙宇是九峰岩，始建于 1415 年，也就是郑和下西洋的时候。九峰岩有八大景，包括"九峰插汉""三笏摩天""狮仔参前""巨石飞腾"（这个名字很酷）等。这里如梦似幻的美景让我一见倾心：峰峦叠嶂，云蒸雾绕，竹林密布，香樟茂盛，山谷中村庄若隐若现。但中国人更钟爱此地的书法作品，寺中珍藏着明代书法家张瑞图手书对联："乔木千枝原为一本，长江万派总是同源。"对于此联，蓬莱镇可谓受之无愧，这样一个小小的镇子却是许多海外华侨追根溯源之地，其中不少人在异乡漂泊之后，回到故土，重建家乡。

和清水岩寺（以及泉州几乎每一座寺庙、基督教堂和清真寺）一样，九峰岩的修缮也要仰仗蓬莱镇 10 万多海外华侨的慷慨解囊。这些海外华人当初有充分的理由离开安溪，幸运的是，他们现在有更充分的理由返回家乡。

安溪脱贫致富

安溪是 70 多万海外华侨的祖籍地，这些华侨大多定居在新加坡、印度尼西亚和马来西亚。接近四分之一的安溪人有海外亲戚或者曾在海外居住的亲戚，另有 200 万台胞祖籍安溪。如此多的安溪人背井离乡，是因为安溪过去虽自然资源丰富，经济上却很贫穷。

长期以来，安溪以茶叶闻名（最好的茶叶来自长坑乡、西坪镇和感德镇），水果、矿产以及感德镇、福田乡、芦田镇和龙涓乡等地的森林资源也很出色。安溪北部剑斗镇生产无烟煤，青洋村有锰铁等矿藏，潘田矿区矿石含铁量超 55%。此外还有美丽的水晶石。

安溪虽然资源丰富，但很迟才摆脱经济上的贫困。20 世纪 80 年代中期，福建省最贫困的县城是福安，其次就是安溪。地处偏远山区是造成贫困的最主要原因，即使到了 20 世纪 90 年代中期，从安溪坐大巴绕着山路到厦门赶集也要 8 个小时。后来，在海外华侨的资助下，安溪终于有了通往厦门的水泥路，行程也缩短至 2 个小时。

如今，市场对产自安溪山区的蘑菇和食用菌需求猛增。这对地处深山老林的农民朋友来说，是很好的创收之道，因为它们无须大规模的初始投资或漫长的酝酿期。

安溪县通过深入贯彻脱贫致富战略，脱胎换骨成为"中国百强县"，我的那些安溪小朋友将有更加美好的未来。安溪的脱贫战略包括：为贫穷乡村提供资金和技术、为偏远山区的发展提供倾斜政策、重视贸易和投资。

安溪奉上"心灵鸡汤"！

我在安溪湖头和剑斗的农民朋友知道我打小就爱收藏石头，好几次打电话来告诉我："教授，我们又给你找到了一块石头！"

几年前我生了一场大病，我的两个湖头朋友经过长途跋涉（还花了不少路费）来到厦门，给我带来礼物，让我的身心都得到慰藉。他们坐车颠簸了好几个小时，给我带了一只活山鸡（用来炖药汤），还揣了块漂亮的水晶石，那是一位农民朋友在地里发现并特意留给我的。

安溪人确实是富裕的——至少从某些方面来说是如此。

在扶贫小组的帮助下，安溪大力兴办本土企业，建立蘑菇生产基地，革新现有产业，改善采矿作业，提升茶叶产量，防治水土流失，开展渔业养殖，克服交通运输难题，开拓省内乃至全国市场。

选定龙门镇为"科技脱贫示范镇"后，福建省农科院派来专家，帮助改善农业生产和家畜养殖。据报道，4 年间龙门镇平均家庭收入增长了160%。

乌龙茶研究所和乌龙茶质量控制中心的成立显著提升了茶叶品质，帮助安溪茶叶在上海等蕴含无限商机的市场站稳了脚跟，并积极参加国内外大型展会。

在安溪县、泉州市和福建省政府的共同努力下，如今安溪农民不仅拥有自己的茶叶，而且还可以好好喝上几杯。当然，安溪人民并不是坐等政府帮扶，相反，他们自食其力，积极参与家乡建设，如龙门的桥梁工程。

茶之书

冈仓天心（Kakuzo Okakura）撰写的《茶之书》（*The Book of Tea*）于 1906 年出版，是一部描写茶对亚洲文化影响的优秀专著，道出了东西方文化的差异，并阐述了应努力缩小这种差异的原因。一位书评人曾这样评价《茶之书》："本书文字清雅隽永，读后久久萦绕于心间。作者的妙笔生辉赋予茶叶这种看似平淡无奇的饮品以灵魂，成就内心的平和。"

"日本的起居习俗、服饰饮食、瓷漆两器、绘画艺术，乃至日本文学，无一不受茶道影响……或可一品孔子的温雅含蓄、老庄的辛辣快意，还有佛陀的缥缈芬芳。

"一般志得意满的西方人总认为，茶道仪式不过是东方人一千零一种怪行之一，而这些怪行构建了他们眼里诡异幼稚的东方……西方，将于何时理解或试图理解东方？那张由事实与幻想织就的好奇之网，常常令我们亚洲人惊骇不已。我们要么以老鼠蟑螂为食，要么吸食莲花香气过活；要么无能狂热，要么卑劣淫逸。印度式的灵性被嘲笑为无知，中国式的节制被视为愚蠢，日本式的爱国被当作宿命论。甚至有这样一种说法，因为我们神经组织迟钝，所以才对痛楚和伤口麻木不敏感！

"是啊，为何不拿我们取乐呢？亚洲也会以礼还礼呀。要是你们知道我们如何想象和描述你们，娱乐的素材就更多了。所有因视角不同而产生的光华，所有对奇迹不经意流露出来的敬意，以及所有对新生的未知事物的沉默敌意，我们都会将其附着在你们身上。你们的美德光芒四射，无法艳羡；你们的罪行优美动人，无可指责。过去我们博学的智者曾写道，你们的楚楚衣冠之下，藏着一条茸毛尾巴，你们还将新生婴孩炖汤而食！不仅如此，关于你们还有更恶劣的说法：我们一直认为，你们是世界上最言行不一的人，因为你们宣讲教义，自己却从不实行。

"误解很快便在我们中间得以澄清。商贸往来迫使欧洲各国语言在东方的港口流传。亚洲青年学子涌入西方大学以接受现代教育。我们虽未彻悟你们文化的深层核心，但至少我们愿意去学习。我的某些同胞已受你们风俗礼仪的过分同化，以为拥有硬领衫和高丝帽便拥有了西方文明，如此装模作样真是可怜可悲可叹。

"他们卑躬屈膝地表明了向西方靠拢的愿望。不幸的是，西方对东方的态度仍未转变。

"或许我的多言泄露了我对茶的无知，言所应言才是礼仪之道。但我不想做一名知礼的茶者。新旧世界的诸多误解已造成了巨大伤害，挺身为促进双方理解而稍尽绵薄之力又有何失礼。

"还是让我们停止大陆间彼此的谩骂与讽刺吧……我们依循不同的道路发展，却仍可相互增益补充。"

第十三章

德化——古老的中国瓷都

"至于中国瓷器，则只在刺桐（泉州）和隋尼克兰（广州）城制造……系取用当地山中的泥土，像烧制木炭一样燃火烧制……上者发酵一整月，但亦不可超过一月……瓷器价格在中国，如陶器在我国一样或更为价廉。这种瓷器运销印度等地区，直至我国马格里布。这是瓷器种类中最美好的。"

——伊本·白图泰，
阿拉伯旅行家（1304—1369 年）

欧洲人对瓷器的热爱

几个世纪以来，中国人一直在贩卖瓷器，令欧洲皇室贵族痴之若狂。中国瓷器薄如蛋壳，放在日光下晶莹剔透，轻轻敲击则声脆如铃，这种"瘾品"之于西方人的魅惑，更胜于身着中国丝绸睡衣的埃及艳后，以至于欧洲人把"瓷器"一词当作"性爱"的委婉说法。

《梦幻火焰：炼金魔术与现代科学的分水岭》（*The Arcanum*）一书的作者珍妮特·葛里森（Janet Gleeson）描述了欧洲人对瓷器的追逐，读来耐人寻味。她指出，在威彻利（Wycherley）于 1675 年演出的戏剧《乡村妻子》（*The Country Wife*）中，一位仰慕者看到霍纳先生和菲德勒女士在一起，就哀求道："……千万别把'瓷'送给别人，却不送给我一点；也跟我走吧。"菲德勒女士回答道："……我们这些有品位的女士从不认为我们得到的'瓷'够多。"精疲力竭的霍纳先生说："千万别生气，我只不过无法为所有人做'瓷'……"

欧洲皇室贵族不惜亏空国库，只为寻得心中挚爱的瓷器。就像 1000 多年前想方设法破解丝绸的秘密那样，欧洲君主前赴后继想要探寻瓷器背后的秘密。彼时，瓷器与丝绸一样，价格高昂，甚至超过同等重量的黄金。无数陶匠和科学家被监禁，要么做出瓷器重获自由，要么屡试屡败坐穿牢底。大多数人就这样在狱中了却余生。

刺桐是中国古代两大瓷都之一，以制作白瓷而闻名。至今，仍有人认为泉州的瓷器是瓷中极品。泉州人通过海上丝绸之路把这巧夺天工之作运往五湖四海。

在中国人挥舞筷子、用上精致的餐具之时，我的欧洲祖辈用的却是手指和木板，难怪他们屈尊前来中国寻找盘子、碗筷、汤匙和香料（中世纪时冰箱还没发明出来，欧洲人用亚洲的香料来保存肉食，以防变质）。

德化瓷器

约 1000 年前，无数瓷窑散布在泉州各地，包括惠安、晋江、同安（同安和厦门当时还是泉州的一部分）。日本和东南亚各国相继发现了来自同安的珠光青瓷碗，制作年份为 11 世纪。

宋元时期，泉州的瓷器生产规模不断扩大，并逐步从沿海地区转移到安溪和德化等内陆地区。到了明清时代，安溪和德化的瓷器产量增长了5 倍。

屈斗宫古窑址　1949 年以来，考古学家已在德化境内发现古窑址 180 多处，年代从宋代到清朝不等。这定是激发了旅行指南作者的想象力，在描述屈斗宫古窑址时，他们如此写道："规模如此宏大的古瓷窑宛若一条蛟龙，盘踞山间，蔚为壮观。"这座宋元时期的古窑址共有窑室 17 间，出土了 800 多件生产工具和 6790 多件完整或残缺的陶瓷器物。

屈斗宫古窑址位于德化县龙浔镇宝美村破寨山南坡上，于 1976 年发掘，至今保存完好。不管你是专家还是门外汉，想要深入了解宋元时期的陶瓷烧制工艺，不妨亲自前来参观。

现代瓷器　现代德化瓷厂可生产各种各样你想象得到的瓷器，如精美的器皿、神鬼雕塑、大可藏人的花瓶。我喜欢做成山精模样的瓷器（译者注：山精来自斯堪的纳维亚传说），也许是因为我身上有挪威血统吧（毕竟我曾被一只斯堪的纳维亚的蚊子咬过）。我越瞅越觉得，自己和这小精灵有些许相似。

陶瓷街　在瓷都德化，有一条瓷香瓷色的陶瓷街。沿着河边走，在龙鹏街上看到一处大拱门，上书"陶瓷街"三字，便是到了陶瓷街的起点，这可能也意味着你的腰包要被掏空了。从餐具、雕塑、瓷灯到花园摆件，街上各种瓷器产品琳琅满目，物美价廉。

我走进林双阳（音译）先生开的小店，选购了一些专供出口的盘子，听他讲起了这家小店背后的故事。尽管近亲中没有人做瓷器生意，林先生却一直有个瓷器梦。碰巧他有个表亲在德化古瓷窑附近的技工学校学习，并于 1973 年开办了自己的工厂。两人一拍即合，共同追梦，终于在 1999 年开了这家店。

钻研"中国白" 想要深入了解奇特的德化瓷器，不妨读一读《中国白：德化好瓷》（*Blanc de Chine: The Great Porcelain of Dehua*）。这是一部引人入胜的好书，由美国收藏家普孟斐（Robert H. Blumenfield）撰写，总共 240 页，在亚马逊上可以买到。还可以读一读《中国白：福建德化瓷》（*Blanc de Chine: The Porcelain of Tehua in Fukien*），亚马逊上有卖二手的。

德化风采

德化美食 德化有许多乡土名吃，不仅味道诱人，价格更诱人。我推荐兴南街上的益源大酒家，兴南街和陶瓷街同在浔南路上，但要过河，在城区里。我们要了一个包间，花了不到 100 块钱，就把一群人喂得饱饱的。老外喜欢吃的东西这里大多都有，不过，我建议你尝尝诸如红菇汤这样的山珍。中国人说红菇能治贫血，也能帮助孕妇产后补血，因为红菇和血一样是红的。尽管我不相信自己贫血，但美味的中餐还是让我管不住嘴，常喝得肚子鼓得像怀胎 6 个月。红菇汤确实相当鲜美，尤其是你如果运气够好，能在采菇期后不久吃到的话（福建红菇的采摘季一般在 8 月底左右，只有短短两周时间）。

戴云山 海拔 1856 米，被列为中国国家级自然保护区，是夏日避暑的好去处。值得一看的有各种珍稀动植物（不过，正因为珍稀，所以不太容易看到）和戴云寺（始建于 908 年）等。

九仙山 位于戴云山脉。相传，开山僧邹无比在天然室修炼成仙，恰逢张果老与其他七仙在邻洞欢聚，合为九仙，故此山得名"九仙山"。九仙山上有 12 处胜景、40 多处诗刻题刻，以及九十九洞、弥勒洞等景点，每一处景点背后都有一个故事，要全部听完，估计你自己也得成为神仙。

石牛山 位于德化县东部，海拔 1782 米，是一个放射状的火山塌陷盆地。此地以"丰富多姿、奇妙无穷的岩石山洞"而闻名，尽管这些石洞并非全部自然天成。

受欢迎的景点包括建于明朝的石壶殿，以及索道、玻璃观景台和岱仙瀑布。瀑布下游有一条 30 公里长的蜿蜒小溪，风景如画。要欣赏两岸的宁静景色，最好乘竹筏。沿线温泉也是一大特色，与其入住星级酒店，不如住民宿，别有一番情调。

灵鹫岩寺 坐落在九仙山西北部，风景绮丽，朝夕云霞缭绕，景观变幻莫测。不过，你总能找到官方推荐的 12 处"奇岩怪洞"，比如灵鹫岩。

永春篾香　在中国，驱车上路总是和抵达目的地一样有趣，前往德化的旅程也不例外。平整的水泥路在山谷间蜿蜒盘旋，像一条绳索穿过一个又一个奇特的村庄，汉口村就是其中一个。放眼望去，整个村庄沐浴在一片绛色之中，仿若有红雪漫天飞舞，连白鸭也被染成了红色。原来，汉口村是制香专业村，当地的制香传统可追溯至 800 年前，彼时他们信奉伊斯兰教的祖先迁居此地，开启了制香之旅。

开元寺旁的博物馆陈列着打捞上来的宋代沉船，无声地证明着即使在刺桐城的全盛时期，海上旅行也危险重重。当年，这艘船从东南亚满载货物返回中国，其中包括 2400 多公斤令人垂涎的香料，这正是擅长制香的穆斯林所需要的物品。然而中途不幸翻船，无奈之下，穆斯林开始在泉州就地制香。数百年后，他们移居永春山区。直到今天，汉口村的回族蒲氏家族还在蒲重庆经营的一家工厂里制作神香。

蒲先生说，他的穆斯林祖先大约在 1200 年来到泉州，其中最出名的乃蒲寿庚，曾任泉州市舶使，主管海上贸易；还有一位曾在四川省重庆担任总督。由此可见穆斯林的影响之大。

蒲庆兰香室制作的篾香屡获殊荣，成为驰名中外的香料品牌，国内外两个市场年销售额各有六七百万美元。你可前往永春县达埔镇汉口村，参观他们的制香厂。

永春的制砖工人　离汉口村不远的田间有几座半球形砖窑，矗立在公路边。工人们用手工和木模，飞快地把泥土制成砖块，让我看得入了迷。我想，制砖虽不像制瓷那样时尚流行，但是却更加实用。

汉口桥和农舍　一座漂亮的木质结构旧农舍依偎在山坡上，四周树木茂盛。为了拍出像样的照片，我站到公路中间，一眼对着取景器，一眼盯着疾驰而过的卡车。来来往往的司机看上去都非常不满的样子。最后，我走到马路对面，询问一栋三层楼房的主人，是否可以上他家的屋顶拍照，他欣然同意，尽管无法理解我拍摄旧房子的用意。我估计他在心里头嘀咕，为什么不拍新楼房呢？

我兴奋地爬上他家屋顶，抓拍到一张足以获得"柯达精彩瞬间"大奖的照片——令人眼前一亮的汉口廊桥全景！这是我期待了一年的作品，只可惜一直找不到合适的角度。这座廊桥尚未收入任何旅行指南，但我认为它理应成为必游之地，因为它证明了造桥技艺在闽南并没有失传！

第十四章

晋江和石狮

实在抱歉把晋江和石狮合为一章，尽管这两座城市都有许多有趣的史迹，但我了解的少之又少。

晋江

晋江的人类活动历史比泉州市更早，是许多著名华侨的故乡。尽管我很早就有一本详细介绍晋江景点的书籍，但我只对其中三处熟悉：草庵摩尼教寺、陈埭丁氏宗祠和磁灶古窑址（在德化一章，我已详细地介绍了窑址和瓷器）。现将一些主要景点列举如下：

草庵 这座摩尼教寺庙离姑嫂塔不远，可以说是波斯摩尼教（即明教）在地球上的最后一处落脚点。明教来源神秘，几乎糅合了所有世间可寻的宗教，如诺斯替教、拜火教、基督教等。摩尼的追随者于公元 7 世纪末来到中国，几乎与回教徒和基督徒同时到达。

明教创始人摩尼（216—276 年）来自波斯，认为世界的存在永远是善恶、明暗的二元对立。他吸取了许多宗教的思想教义，据理推断每一种宗教都蕴藏着真理的成分。摩尼教的形而上学具有较强的可塑性，引起了奥古斯丁的兴趣，后者追随摩尼教 10 年之久，直至后来皈依基督教。

对于善恶之间永恒的较量，这位著名的天主教圣徒和学者再清楚不过了——至少在他放荡不羁、荒淫无耻的青年时代。这位才华横溢的圣人夜晚纵情声色，到了白天却祈祷："上帝，请赐予我圣洁和节欲吧——但不是现在！"年幼的私生子死后，他皈依天主教，并在教会担任神职。他转而抨击摩尼教，甚至为此著书多本，著作广为流传。后来，他成为主教，尔后成为圣人。很多人都在考究他是否已得到圣洁，然而，从画像的表情上看，我表示怀疑。

摩尼教不断发展，影响日深，在唐朝先后被称为摩尼、摩尼法、小摩尼和大摩尼等，唐后改称明教。600 多年来，明教在中国（特别是泉州一带）得到了广泛传播。1946 年，在泉州通淮门外出土了一块元代牧师的墓盖石，此人专管外来宗教，包括摩尼教和基督教。

摩尼教在福建传播影响深远，在宁德太姥山峰上至今仍有一座规模不大的摩尼教圣堂（目前已被挪作供奉太姥娘娘）。

摩尼教首领头戴紫罗兰色的头饰，而追随者则身穿白色长袍。摩尼教不断发展壮大，这让佛教徒感到忧心。1258—1269 年间编纂的佛教通史《佛祖统记》斥责摩尼教徒为吃素的魔鬼崇拜者。

长期以来，摩尼信徒让朝廷担惊受怕——事实证明这并非杞人忧天。具有政治倾向的摩尼教徒助力朱元璋推翻元朝政府，后朱元璋建国号明，禁绝明教。据说，他反对明教的其中一个原因是，明教的"明"与明朝的"明"是同一个字。

尽管受到迫害，摩尼教徒还是在泉州寻到了立脚点，泉州至今还保存有世界上最后一座摩尼教寺庙——草庵。草庵始建于1339 年，在此之前，当地村民花了整整 26 年时间在华表山的悬崖峭壁上雕琢摩尼像。这些雕琢艺术家当时一定没有一张像模像样的摩尼相片可模仿，因为除了胸前飘有四条发辫以及背雕有毫光四射外，摩尼雕像更像那些标准的中国诸神像。

陈埭丁氏宗祠　听说陈埭镇生活着许多丁姓回民，我把车开得慢之又慢，唯恐"叮"的一声，撞上某个姓"丁"的人。有些丁姓回民高鼻梁、留着卷发、蓄着胡须，看上去好像随时要吐出什么阿拉伯语，而不是中

关于祭拜祖先

"但是，祭拜祖先并非基于模糊空幻的神话或传说，而是基于真实可靠的史料记载。祭拜祖先的根源在于家庭和民族，因此可以说既是家风也是国风，如同这个帝国一样历史悠久。从一个国家的成立开始，祭拜祖先就像是民族历史的经纬线一样交叉纵横，你一旦想脱离丝线，就会破坏整块织物……不管这种祭拜（尊重活着的人，祭祀死去的人）是虔诚抑或虚假的，我想在一个国家的历史长河中，没有任何东西比祭拜祖先更能把人们的心系在一起，使一个民族永垂不朽；也没有任何事像这样——让人们忘却未来，缅怀过去。"

——腓力普·威尔逊·毕，《厦门方志》，1912 年

文。如今，许多丁姓回民已不再遵循回教教规了，但对于自己的祖先和阿拉伯先辈所取得的成就还是倍感自豪。现在的丁姓回民更多的是企业家了！

丁进华先生带我参观了陈埭丁氏宗祠。这座回族祠堂是典型的闽南建筑

风格，而装饰则带有伊斯兰风格。宗祠整体布局构成汉字"回"字形，外围是方形庭院，而中部是方形厅堂。

丁氏祠堂更像是一座博物馆，三面墙上挂满了各种各样的图片和展品，都裱在镜框里。祠堂里有一本关于丁氏家族历史和所作贡献的精美小册子（可惜没有英文版）。

为了拍到一张"回"字形祠堂的照片，我想尽了方法，甚至爬到清净寺的屋顶上。最终还是丁先生帮了大忙，他带我到街道对面的市场上，借来一架不太牢固的 10 米高的竹梯，两位回民在底下扶住摇摆不定的竹梯子，我爬了上去，心里默默祈祷，但愿他们和基督徒没什么历史恩怨！我顺着竹梯爬上了屋顶，抓拍了好几张满意的照片，既拍到了祠堂，又拍到了祠堂前面的池塘。佛教寺庙一般都有类似的放生池，用于放鱼归塘，行善积德。

鞋都 全世界 50% 的运动鞋产自中国大陆，而其中 80% 来自福建，更绝的是，绝大多数来自"鞋都"——陈埭镇。

即使是伊梅尔达·马科斯也绝不会想到这座毫不起眼的小镇会有 1000 多家鞋厂，年产值超过 20 亿元人民币，同时还拥有价值 2230 万美元、占地 15 万平方米的鞋业市场。附近的安海镇是中国最大的皮革鞣制基地，而百崎乡则是橡胶鞋底制造中心。

目前，整个泉州共有 4000 多家鞋厂，30 多万从业工人，能生产国内国外各种款式的鞋子（当然，可能不包括马蹄铁）。事实上，泉州的运动鞋和休闲鞋产量足足占了世界的 20%，这一点实在不足为奇，因为泉州有 10 万人的鞋业营销大军和 30 多家海外子公司和代理商。

晋江每年平均产鞋 5 亿多双，1999 年 3 月还举办了首届晋江国际鞋业博览会（简称晋江鞋博会）。为期四天的鞋博会展示了 5000 多种鞋样、制鞋机械和鞋材，接待了 10 多万个参展商，签订了 21 项协议，销售金额达 13 亿元人民币。此外，来自香港的两位专家还给 400 多名企业家和政府领导人做了精彩演讲。

先进的计算机化设计和生产技术帮助泉州企业提高质量、降低成本，实现绿色环保。许多企业用偶氮代替橡胶，用聚氯乙烯代替聚氨酯橡胶，使用无苯粘胶，并用热熔胶制成的鞋部件代替白胶层压机。

晋江黎刹广场　2002 年，晋江投资 1000 万元，建造黎刹纪念广场，占地面积 5 公顷。广场内有一尊 18.61 米高的黎刹雕像（比马尼拉那尊 12 米高的黎刹雕像高得多）。菲律宾商界领袖也为此捐赠 200 万元人民币。菲律宾众议院发言人何塞·德贝内西亚（JosedeVenecia）表示，这个黎刹广场是"1000 多年来中菲两国友谊的象征，有助于提升菲律宾民族英雄黎刹博士在整个亚洲地区的地位"。

扶西·黎刹（Jose Rizal）
祖籍泉州的菲律宾英雄

扶西·黎刹 1861 年 6 月 19 日出生于菲律宾卡兰巴市，1896 年 12 月 30 日在马尼拉去世。这位伟大的爱国者、医生、知识分子激励着一代又一代的菲律宾人。

黎刹是吕宋岛一位富裕地主的儿子，母亲是当时菲律宾受教育程度最高的妇女之一。黎刹赴马德里大学学医，后成为在西班牙的菲律宾学生领袖。他虽未要求菲律宾从西班牙殖民统治中独立出来，却致力于改革西班牙在菲律宾的统治。在黎刹看来，菲律宾作为西班牙的殖民地，贫穷落后，其主要敌人并非正处于改革巨浪中的西班牙，而是在菲律宾紧握权力的天主教派系。

黎刹在巴黎和海德堡继续学医。1886 年，他出版了第一部西班牙文小说《社会毒瘤》（ *Noli Me Tángere* ），揭露了"天主教修道士"的罪恶统治，就像小说《汤姆叔叔的小屋》揭露美国奴隶制度的罪恶一样。

1892 年，黎刹回到了菲律宾，在马尼拉成立非暴力改革协会"拉尼咖"。后来，他被流放到西北部的民答那峨岛，在那里度过了 4 年。在此期间，他一直坚持科学研究，并创办了一所学校和一家医院。

1896 年，秘密革命社团"卡蒂普南"（Katipunan）发动反对西班牙的武装斗争。尽管黎刹与社团没有任何关系，西班牙当局还是逮捕了黎刹，后以"煽动叛乱"罪在马尼拉将其处决。临刑前一晚，他用西班牙文写下绝命诗《永别了，我的祖国》（*Mi Ultimo Adios*）。他的壮烈牺牲唤醒了菲律宾人，使他们意识到除了从西班牙独立外，别无他选。

简陋的黎刹祖屋　黎刹纪念广场是菲律宾华人的必到之处。在菲律宾，80% 的华人和黎刹一样，其"根"可寻至闽南。但比起这个恢宏（且耗资巨大）的广场，令人印象更深刻的是一间小小的祖屋，就坐落在广场附近的小村庄里。对于黎刹这样地位的人来说，这间祖屋显得又小又破，但却令人耳目一新——它向人们诉说着黎刹归根何处。也许几年后，一座宏大的祠堂将取而代之，内设有拱形门廊、黎刹神像以及一些书法作品，讲述黎刹如何由天上下凡、拯救菲律宾民族。

此外，晋江还有其他一些景点：

安平桥　从中世纪至今一直是世界上最长的石桥。这座桥太长了，要注意避免在中午太阳直射时游览。

安海星塔　我对宝塔一直兴致索然，但安海星塔是个特例。这座红白相间的宝塔呈四边形，共 5 层，始建于 1629 年，它的美在于设计简约而高雅。

龙山寺千手观音　龙山寺规模宏大，气势非凡，始建于隋朝（581—618年），是台湾地区著名的龙山寺的祖庙。1000 多年后，施琅将军率领族人捐资修葺。千手观音的每个手掌上都有一只眼睛，代表着她全知全能。

南天寺石佛和摩崖石刻　南天寺的三尊摩崖石佛雕像据说是闽南石雕的精品杰作。寺内的书法也相当出名，特别是王十朋所书的"泉南佛国"4 个字。

石狮

短短十几载，有着 1300 多年历史的石狮就从一个贫穷落后的小镇蜕变成为现代化的商业和工业中心。如今，石狮被誉为"中国休闲服装名城"，有的人甚至认为它是亚洲最大的服装中心。石狮还成功举办了海峡两岸纺织服装博览会。

2017 年，石狮 5000 多家服装厂家产值超过 560 亿元，发展态势良好，企业一派生机勃勃。比方说，占地 5000 平方米的新湖胸围内衣厂，相信未来将迎来更大的发展。

石狮有以下一些旅游景点：

姑嫂塔 如果你对塔感兴趣，可以往东走，去看看石狮的姑嫂塔。这座塔位于宝盖山上，始建于 1146 年，高 21.65 米。以前，当地妇女总是登高望远，翘首期盼丈夫与儿子远航平安归来。

有关姑嫂塔的传说是这样的：宋朝有个男人远航到南洋谋生，临别前许诺 3 年内回来。他的妻子和妹妹日夜思念，不断地在河边叠起石块，翘望他的归航。日复一日，年复一年，他始终没有回来。姑嫂两人倍感伤心，抑郁而终。当地村民非常同情她们，遂将这些垒石称为"姑嫂塔"。某一年（实际上是 1146 年），这些垒石演变成一座 4 层高的塔。即使在今天，这座塔仍然是泉州的导航路标。

六胜塔 高耸在石狮半岛的最北端。一个字：高。

石狮黄金海岸度假村 这是一个庞大的工程，首期项目包括金沙游乐园、游艇俱乐部、美食广场、海滨浴场以及中国目前最具规模的海洋主题乐园——石狮海洋世界（由海底世界馆、海豚表演馆、水下表演馆、潜水俱乐部四大部分组成）。

石狮拥有延绵数公里的美丽沙滩。位于石狮以南几公里处的衙口，拥有中国数一数二的沙滩。到了衙口，你可能还想去施氏大宗祠参观一下。

泉州虎

老虎象征着力量强大，生气勃勃，英文也用 "Asian Tiggers"（译者注：即"亚洲四小龙"）来形容亚洲几个发展迅速的经济体。从这个意义上说，泉州也是一只名副其实的老虎。

马可·波罗时代，刺桐作为海上丝绸之路的起点和全球经济文化交流中心，吸引着国内外名士、商贾、旅客、僧侣纷至沓来。如今，泉州制造的产品品种繁多，无所不包，为福建乃至中国经济的发展做出了巨大贡献。过去 20 年里，泉州经济总量一直维持着占全省四分之一、占全国 1.3% 的水平。

民营企业发挥着举足轻重的作用，早在 2000 年，泉州民营经济就占到了全市 GDP 的 80%。

网博会

泉州企业众多，或许会让潜在买家或投资者不知所措，无从下手。可喜的是，泉州紧跟时代潮流，依托先进的互联网技术和实践经验，举办了面向全球、全年无歇的网上博览会。

泉州市政府很早就认识到电子商务与网络营销的重要性，并在 1999 年 9 月举办了首届国际互联网络名优特新产品博览会（号称"永不落幕的博览会"）。网博会帮助参展企业搭建标准"网络展台"，包括主页、子域名、电子邮箱、产品的图文介绍、订购与支付系统、信息发布系统、网络管理系统等等。网博会面向泉州内外的企业开放。

首届网博会吸引了参展企业 1145 家，展销产品超过 12000 种。第二届网博会于 2000 年 12 月 8 日开幕，共有 1500 家企业参展，展销产品达 20000 种。前两届网博会总共达成订单 1000 多份，交易金额 1700 万美元。第三届网博会于 2001 年 11 月 3 日开幕，规模比上届翻了一番，参展企业 2580 家，展销展品 3 万多种。

第四届网博会于 2002 年 11 月 2 日开幕，2003 年 11 月 1 日闭幕，吸引各行各业 3000 多家企业参展，包括纺织、鞋服、建筑材料、工艺美术、食品饮料、五金机械、石油化工、电子信息、旅游服务，以及生物医学、新材料、环境保护、农副产品深加工等新兴产业。

第二届中国企业网络营销合作洽谈会与第四届网博会同期举办，与会者包括全球企业人士、政府代表和网络营销专家。

网博会由泉州市政府、福建省经贸委、福建省乡镇企业局联合主办，泉州市乡镇企业局承办，确保参展企业的质量与水平。

投洽会

无论你在厦门还是其他地方，想要寻找商业机会，请勿错过在厦门举办的中国国际投资贸易洽谈会（简称"投洽会"）。

投洽会每隔一年于 9 月 8 日举办，全面展示和介绍中国各省市的投资机会——无论是近至福建沿海地区，还是远在西藏的喜马拉雅山上。

投洽会将超过半数的境外投资成功分流到中小企业，也为大型企业带来了合作机会，总共吸引超过 144 个国家和地区的参观者和参展商 10 万多家、国际组织、政府机构、商协会和企业代表团 2000 多个。出席投洽会的论坛和研讨会的发言人超过 1800 人，包括中国最高领导人、诺贝尔奖得主、联合国官员和多个国家的副总理。截至 2005 年，投洽会共签订各类投资项目 11362 个，投资金额超过 600 亿美元。

想了解更多？敬请咨询相关政府机构，索取有关投资机会的信息和材料，他们很乐意为你服务。想要在厦门安居乐业的"老外"和"老内"，都能得到满意的解答。

泉州——闽南菜之乡

第十五章

"人吃饭是为了活着，但活着不是为了吃饭！"

——莫里哀（1622—1673 年）

"莫里哀肯定从没吃过中国菜！"

——潘维廉（1956 年—）

曾有北京记者问我，为什么移居中国并申请永久居留权，她一脸恳切，似在期望我能顺着"为人民服务"的思路给出有分量的回答。但是我看着她，郑重地答道："因为在美国，中餐太贵了。"

我的回答是认真的。这么说吧，吃饭是生活中的头等大事，不能光填饱肚子，还要懂得享受美食，而中国人在烹饪和品尝美食方面造诣极高！不过，中国的中餐与我们在美国吃到的酸甜柠檬鸡大不相同。中国人乐于品尝任何不会先吃掉他们的东西。

在马尼拉时，有一次我在一群中国商界人士面前发表讲话，他们中大部分是泉州人的后裔。我说，亚当和夏娃不是中国人，要是夏娃是中国人，她肯定会扔掉苹果，吃掉蛇。一位女士立即打断我，说："不对！"我担心自己无意间冒犯了她，道歉的话还没说出口，她就紧接道："如果夏娃是中国人，她会吃了蛇，再把苹果卖出去，而不是扔掉！"

泉州美食基本上属闽南菜系，但各地各有特色，无论是南安、安溪，还是惠安。比方说，洛阳桥附近的牡蛎个大多汁，我完全可以拿来做三明治；南安人吃羊腿喜欢配花生酱，味道极佳；安溪的湖头镇地处偏远，出产的米粉远销各地；而泉州市区本身位于福建两大河流之间，面向大海，海产品非常丰富。

要尝遍泉州美食，过去非得四处奔走不可。幸运的是，如今泉州市区餐馆林立，鳞次栉比，好不热闹。更棒的是，市区还有一条温陵美食街，全长 613 米，荟萃泉州各地美食和风味小吃！

温陵美食街

温陵美食街北起丰泽街，南至津淮街，建筑仿照闽南古民居风格，乡土气息浓厚，共有130多家（可能是131家）小吃店和餐馆，提供各式各样的泉州风味小吃。

中式早餐

　　美国人常说，要赢得男人的心，先抓住他的胃。中国人显然已经赢得了我的心——但早餐除外。

　　咸鱼、猪油、炸鱼唇和土冻笋这些食物，在中午我都能吃进去，可唯独早上不行。每天清晨一睁开眼，我的心、我的胃呼唤的是自己熟悉且简单的美式早点：咖啡、鸡蛋和吐司。

　　早餐时分，泉州刺桐饭店（我在泉州的另一个家）的餐厅供应60多种热菜冷盘（没错，我数过！）和小点心。不过，我始终不看这些美食，直接要鸡蛋、吐司和咖啡。这让中国人大惑不解。对他们来说，不管哪一顿饭至少都要有10道菜才行。

美食街南北两个大门的牌楼都雕有对联。北门牌楼的对联是："此处有家乡风月，举杯是故土乡情"。

一天早晨，我兴高采烈地起来，准备动身去享受一顿简单的早餐，结果被热情的主人叫住，并带到温陵街上吃了黏糊糊的地瓜饼以及……

泉州的风味小吃包括面线糊、油葱粿、安海土笋冻、蚵仔煎、肉粽（把糯米、猪肉和其他配料包在粽叶里）、深沪鱼丸、橘红糕等等。泉州依江面海，所以海鲜占了很大比重，连菜单都有鱼腥味。好了，坐下来，吃光光——记得要细嚼慢咽……

慢慢品味

中国人不仅是最好的厨师，还是最好的食客。他们的语言证明了这一点。见面时，常挂嘴边的问候是"吃了吗？"餐桌上，常听到的劝说是"慢慢吃！"我们美国人总是催促服务员上菜，一顿风卷残云之后，起身离店。而中国人看到服务员一盘接一盘地上菜，总会告诫道："慢点上！让我们慢慢品！"

对一个以"Carpe Diem"（拉丁文，意为"只争朝夕"）为座右铭的美国人来说，很难理解中国人为什么宁可慢慢享受一小口美食或一个瞬间，也不愿意及时行乐，只争朝夕。中国人总是慢慢来。在中国生活了

20多年，我也学会放慢脚步了。我想这并不是因为我顿悟了，而是伴随着年龄的增长所带来的松弛感。尽管如此，我还是很欣赏埃夫丽尔·麦肯基-格里夫的观点。在《生姜民族》一书中，她描述了自己20世纪20年代在闽南地区的经历：

"他们（中国人）总是细嚼慢咽，深入思索，品味某一事物带来的感官愉悦。我们西方人一次总想抓紧多个事物、多种经验，然后一知半解地放弃。我们不禁将两者进行对比。中国人在对各种形式的美顶礼膜拜之时从来不乏详尽的细节，而且这种详尽是深刻的。向下传播知识就像树的根须，滋养树体，增加快乐。外国商人致力于创造这种西式的多样需求。他们获得了成功，主要是因为中国人是一个务实的民族。到19世纪末，他们（中国人）拘于传统而故步自封，太过傲慢自大而不重学习，远远落后于西方。尽管如此，他们还是非常精明，能够欣赏西方的科技发明和产品。

"品质低劣、外观丑陋的东西都是一些便宜、批量生产的产品。外国人能够成功地向不会生产这些东西的男男女女兜售自己的产品，这对我们来说是不可思议的。后来，我们发现中国顾客很少出于审美因素购买洋货。中国人既不欣赏西方人的外表，也不喜欢他们的货物。然而，他们却对西方灵巧的机械十分着迷。西方商人在贫穷、未受过教育的中国人身上找到了市场。对这些人来说，五口通商带来的如果不是繁荣程度的提升，至少也是生活水平的提高。

然而，在内陆地区，中国人还是极端保守的。

"'如果你想在这里赚到钱，就得想方设法让中国人产生想要某些东西的欲望。让他们很想要，一天都离不开。'塔尔萨先生一边把更多的白兰地倒进啤酒，一边说，'这就是秘诀。'

"我审视了这历史悠久、复杂且令人困惑的中国文明。我说：'我早该想到，中国人需要足够的东西。'

"'是呀，不过，'塔尔萨先生指着他那个沾满烟碱的手指头，表示了然，'你得想方设法，让他们要你想让他们要的东西。你信不信？年轻时我常到乡下去，站在肥皂箱上，教中国人怎么抽烟。这情形他们以前没见过，现在你看，他们抽烟抽得像石灰窑在冒烟……他们感谢我吗？''够让你想喝酒了，不是吗？'"

钟明选——泉州菜烹饪大师

钟明选是泉州最有名的大厨，能够享用他亲手烹饪的美食，我荣幸之至。钟先生还在泉州电视台主持一档闽南菜烹饪节目，广受观众喜欢。香港、澳门、台湾和浙江等地的电视节目摄制组也拍摄、采访过他。

饭店里的客人总是热情地表示想让钟师傅到他们的包间露个脸。盛情难却，钟师傅只好走进一个包间和客人聊几分钟，然后跑出去，进到下一个包间，又再跑出去——不过，我还是抢拍到了一代名厨在工作中的照片。眼下，钟师傅 48 岁的儿子钟驿川和 44 岁的儿子钟驿东正在努力继承他的衣钵。

钟师傅今年 72 岁，1965 年起从事烹饪工作，制作的泉州菜多次获奖。不过，他不会在一家饭店待太久。"我去需要帮助的地方，不去条件最好的地方。"他说，"我需要挑战。"所以，要么是我用餐的饭店不够好，要么这个人本身就是个奇迹创造者，因为他才刚来工作两个月。

"我不喜欢一味遵循传统，"钟大厨说，"我很大胆。我喜欢试验。厦门最早引进像大蒜之类的外国调味品。闽南菜中，泉州排第一，厦门排第二，第三是漳州。"

钟大厨给我们这群老外上的究竟是常做的拿手好菜，还是融入创意巧思的试验之作，我并不清楚。不过，每道菜都很好吃，很快就被一扫而光，弄得我没有办法拍照。我特别喜欢的有闽南薄饼、鸡卷、丝瓜蛏干汤、芝麻地瓜饼（每个地方风味都不一样）、包烧豆腐。吃到桂花蟹（看起来像加了螃蟹的豪华炒鸡蛋）的时候，我以为自己已经到了天堂，否则怎能尝到这人间没有的美味呢？

闽南的春卷跟中国其他地方的不大一样，食客可从盘中挑选蔬菜、肉类、酱汁和花生碎等配料，自由组合，然后用薄如纸、又白又软的春卷皮包起来。我现在很习惯吃这种东西，比起常见的油炸春卷，这种春卷没那么多油，更让我喜欢。

老潘最爱的泉州美食

麦香银卷鱼 绝对是我的最爱！（他们说麦香银卷鱼，我认为应该是米香银卷鱼）。

一品豆腐 没有比豆腐更健康、做法更多的东西了。一品豆腐是我吃过最美味的一道菜之一。也可以尝尝美味的包烧豆腐。

皮蛋苋菜 卖相不怎么美观，但尝起来味道不错！

蚝油牛肉 在中国，猪肉是餐桌上的常客，牛肉有时做得不太好吃。有些牛肉又老又硬，让我感觉像在啃鞋底。但泉州的牛肉入口即化。

鱼唇煲 我告诉他们不要给我上什么动物唇的菜肴，可他们没听——还给我上了鲨鱼唇！实际上，吃起来没那么可怕，不到令人啧啧称奇的地步，但味道不错，挺有嚼劲，就像橡胶做的鱼冻。

豇豆 一道可口的开胃小菜。

煎包 味道一流！

手撕羊排 令人赏心悦目，味道和内蒙古的烤全羊有得一拼，更胜一筹的是，不会有羊头正对着我。

卤面 为正餐画上圆满的句点！（长长的线面象征长寿）

泉州风味闽南家常菜菜谱（改编自《魅力厦门》）

炒梭子蟹 卖相和味道都堪称一流的家常菜。首先，将活蟹蒸熟，去壳，去掉不能吃的部位。接着，将猪肉、荸荠、葱白和竹笋切成2—3厘米长的条状，与蛋液和食盐搅拌混合。再倒入去壳的蟹，并搅拌均匀。最后，热锅倒油，放姜丝爆香，倒入螃蟹煸炒，之后加入绍兴酒。

盐焗珊瑚虾 我不知道他们是怎么捉到珊瑚虾的，但味道好极了。将活虾洗净，快火油炸，然后用姜块、蒜头、白糖、闽南辣酱、大葱、绍兴酒和清肉汤调味。最后，撒上胡椒粉，滴上芝麻油。记得要细嚼慢咽——如果可能的话。要是做不到，至少拍张照片。这样的话，吃完后你还记得它们的容貌。

河鳗　很高兴主人上这道好菜时，没有任何恶意（译者注：在英文中，"河鳗"（eel）和"恶意"（ill）同音）。把晋江河鳗洗净，切成5厘米的小段。加入盐、姜末和米酒，将鳗段腌制一小时。热炒鳗段，加入油、食糖、高汤、肉片、酱油和绍兴酒。放入蒸笼蒸熟，然后撒上芝麻油。

清蒸鲈鱼　为了这道菜，我特意坐在椅子的前沿（可以更靠近餐桌）！选一条两斤以上的鱼，去鳞，宰好，洗净。加入瘦肉丁、冬笋片、生姜、葱结、冬菇、葱白、适量的盐和水。放进大蒸笼，旺火蒸20分钟，然后取出葱白和姜片（我个人倒是喜欢吃这些东西）。

油焗红鲟　红膏鲟以泉州湾蚶江石湖冬季出产的最佳。用高粱酒浸泡大红膏鲟（至少一斤），裹以猪网油，再将包好的红膏鲟放进蒸锅，加入姜片、高粱酒，蒸十分钟。蒸熟后，剥开猪网油，剔除内脏，切成八块，按鲟形装盘。

五香条　把肉丁、鱼肉、洋葱、荸荠、酱油、五香粉、地瓜粉等配料裹进圆形豆腐皮。炸透，切片食用。

闽南春卷　像春卷这样的精美食品其实就是闽南版的墨西哥卷饼。到市场购买春卷皮，用胡萝卜丝、竹笋、豌豆、肉丝、虾仁、豆腐等做馅料，只要是你喜欢的或在市场上偶遇的都可派上用场。加入盐、酱油，将馅料炒熟，还可以加入炒蛋、韭菜和香菜（芫荽）等，用春卷皮裹紧，最后蘸上少许芥末、辣椒酱或果酱，便可尽情享用。

油葱粿 将鱼肉、肉丁、荸荠搅匀，加适量地瓜粉，些许葱，撒入五香粉，加食糖和食盐。将食材捏成球状，倒入碗中，涂上米浆，蒸熟。放凉，配上你喜欢的中式调味品（如辣椒酱，萝卜干等等）。

土笋冻 厦门的头号特色菜，也是我一直吃不来的东西——可是如果不试一试，你就白活了。

这道美味的食材是从海边的淤泥里挖出的。点到为止。把"土笋"（沙虫）洗净，用慢火熬煮成胶质。将熬出的浓汁倒入杯中，待其冷却成果冻状。然后，蘸中式辣酱、黄芥末酱和醋，吞下去吧。

鱿鱼卷 这是我的最爱！将鱿鱼洗净，放入清水中浸泡几个小时，切成薄片，再改切花刀。加竹笋、葱、西红柿、糖、醋翻炒，鱿鱼卷成筒状时，即刻起锅。（切记：别炒得太久，否则吃起来就跟橡胶一样硬。）

蚵仔煎 将海蛎蘸地瓜粉，加酱油，煎炒。把鸡蛋打匀后倒入锅中，煎透为止。加香菜（芫荽），蘸芥末或辣椒酱一起食用。

炒米粉 把米粉炸至金黄色，放入开水洗去油脂。用花生油翻炒肉丝、鱼肉、香菇和竹笋，加入鸡精、绍兴酒和食盐。装盘，趁热吃。味道好极了。

粽子 粽子呈金字塔形，用竹叶裹上糯米和其他配料而成。粽子原先是端午节特有的菜肴，但现在全年都可以买到。将糯米、猪肉、板栗、香菇和虾仁炒熟，然后用竹叶将馅料包成金字塔形，用线将其裹紧，放入水中焖煮至熟透为止。蘸蒜蓉、酱油食用。

泉州风味小吃

海蛎粥 用糯米、鱼肉、瘦肉、海蛎做成的咸稀饭，加入酱油和胡椒粉调味，营养丰富，配油条或萝卜糕吃。

泉州牛肉 市区许多餐馆里都供应泉州牛肉。最好的两家在泉州四星级酒店附近的一个角落里。

包心鱼丸 （又是我的心头好！有人说，泉州最好的包心鱼丸来自崇武古城）将瘦肉、虾米和荸荠捣烂、拌匀，放入鲜鱼肉和淀粉做的粉团里。煮熟，在酱油里放入蒜泥和胡椒粉，蘸着吃。

盐渍凤爪　上这道菜的时候，我想他们肯定知道凤爪下踩的是什么，但当地人还是很喜欢吃——仅次于卤鸭掌。

萝卜糕　（我特别喜欢！）将萝卜捣烂，与米浆和面粉拌匀，加入少量食盐，挤干水分，切成片，用油炸熟。

碗糕　将面粉和食糖拌匀，充分发酵后，放入小碗，蒸熟。

炸枣　将芝麻、花生、糖和冬笋丁拌匀，塞入糯米团，然后油炸。

橘红糕　将糯米研磨成米浆，制成糯米浆团，蒸熟后加入白砂糖、橘皮等，然后做成各种形状。

芝麻蒸糕　以芝麻为原料，蒸熟后撒上芝麻。

花生汤　花生汤在闽南很受欢迎，颇有历史，做法也很简单：只要把花生煮成乳白色即可，通常和水果一道，或者替代水果，作为饭后的甜点。

中餐知多少

中国人喜欢稀奇古怪的食物。找不到稀奇古怪的食物，他们就会给普通的食物起些稀奇古怪的名称。比如说，他们管普通的鸡肉叫"凤胸"，鸭蛋叫"莲卵"。还有著名的"佛跳墙"，既没有佛，也没有墙给和尚跳——当然，我也不想看到。

看到中餐菜单五花八门的菜名，再吹毛求疵的剧作家肯定也会大加赞赏的：

雪裹银鱼 北京菜。既没有冬天的雪花，也找不着专吃我苏格兰羊毛领带的"银鱼"——蠹鱼（译者注：在英文中，蠹鱼〔silverfish〕与银鱼〔silverfish〕同音）。这道菜只不过是将蛋清打发后，制成糊状，沾上通心粉炸熟。

灯笼鸡 北京菜。用透明的猪网油把煮熟的鸡肉和蔬菜裹在一起，然后打上红缎带。

凤胸 四川菜。用的也不是什么传说中的埃及凤禽，而是普通的廉价鸡胸肉。

龙凤火腿　四川菜。不过是把鸭肉、猪肉、荸荠、鸡翅、火腿和白面搅在一起炒炸。（真搞不清楚龙和凤在哪里！）

蒸龙眼肉　四川菜。肉丝包上红豆沙，顶部放个樱桃，配糯米饭一起食用。

当我写到菜单的汤水部分，又遇上"江中明月"和"佛跳墙"这些菜时，我感觉自己都快跳墙了。不过，跳墙还是很值得的。中国菜不仅名字起得雅致，做工精致，上菜也很讲究。等多久都值。

第十六章

充满魅力的泉州特产

"中国人是各民族中最精于手工艺者，这是远近驰名的，许多人在作品中已不厌其烦地谈到。譬如绘画的精巧，是罗姆等人所不能及的。他们在这方面是得天独厚，具有天才的……

"……画家们在我们去王宫时早已来到，他们望着我们边看边画，而我们却未察觉。这也是中国人对过往人士的惯例，如外国人作了必须潜逃的事，便将他的画像颁发全国搜查，凡与图形相符者，则将他逮捕交官。"

——伊本·白图泰，阿拉伯旅行家

泉州是众多独特的中国工艺和传统文化的发祥地，如丝绸、瓷器、石雕、木偶戏等等。即使在今天，街道两旁也随处可见各种各样的手艺人表演绝活，他们游走街头，或用草叶编织花鸟鱼虫，或用五彩斑斓的面团制作妆糕人，或挥舞画笔速成人物素描或漫画。

当你行走在泉州这座魅力之城时，不妨多多探寻当地的宝藏。

德化瓷器　品种繁多、精美绝伦，包括象牙白人物瓷雕。

德化名酒　用药草酿造，"纯正、醇厚、清香，疗效卓著"。

惠安石雕和影雕　可制作家庭肖像留存纪念！带一套花岗岩餐具当伴手礼倍儿有面儿。

木偶头　以樟木手工雕刻而成的木偶头大有被批量生产的塑料木偶头取代的趋势，趁你还能买到（且买得起），赶紧下手购买。

老范志万应神曲　由谷类、豆类以及 50 多种中药草调配而成，具有和胃健脾、消积化食等功效。

刻纸料丝花灯　泉州的刻纸料丝花灯历史悠久，精美绝伦。有机会的话，到泉州欢度元宵佳节（农历正月十五）。

清源茶饼 由药草和茶叶制作而成。100 多年来，一直被认为是增食欲、健脾胃（中国人似乎对脾脏情有独钟！）、助消化的良药。

安溪乌龙茶 200 年前西方最受欢迎的茶叶之一。

安溪竹藤器 安溪有好几家工厂生产的竹藤篮子、架子和家具质量不错，还可以按要求定制。感兴趣的话，可查询相关网站。

永春老醋 一种黑醋，中国四大名醋之一，自宋代以来一直是泉州人的居家调味品。但我对"醋"总是小心翼翼的，因为"吃醋"是中国人对"嫉妒"的委婉说法，有暗示伴侣不忠之意。

石狮甜粿 源于明朝，据说是上好的糯米年糕，但怎么说呢，我更喜欢德国巧克力蛋糕。

中国艺人

"在厦门市区，我偶遇到一个人，他的祖祖辈辈身怀绝艺，在街头上制作各种各样的小面人（译者注：妆糕人），这些小人儿取材自中国民间传说或戏剧中的人物，相当逼真。他们用糯米粉做成一个个面团，然后用德国染料染上绿色、红色、蓝色，五彩斑斓。这些小人儿大概有10厘米高，插在一根小木棒上。用大拇指和食指捏住转动，他们就会像苦行僧一样手舞脚踢地旋转不停……这个艺人和他的儿子住在祖辈遗留下来的小泥屋里，通常一天可以制作40个小人儿，而后把它们插在木板的洞孔里风干。由于他技艺高超，每天做多少都能很快销售一空。周围也有人模仿他，但他们制作出来的小人儿总是在风干前就开裂。有人推测，他一天本可以做更多小人儿，但身为一个真正的艺术家（尽管他并无这个意识），他总是竭尽所能，力保品质。他的作品完全是自由创作，正如他所说，他只是遵循内心而创作。他脸上总是挂着笑容，偶尔也会用那粗糙的手比划一下，展示手艺人手指的柔韧灵巧。在中国，真正的艺术家不住在宫殿里，也不会穿丝戴玉。我曾经不止一次看到这些艺人，外表上看起来与那些衣衫褴褛、在肮脏街道上干苦力的人毫无两样，他们坐在临时摆放的长凳或小桌上，用彩色面团在旋转的小木棒上捏作传神的戏剧人物，或其他同样复杂而生动活泼的人物。围观的人越来越多，小孩子你推我挤，用手指摸摸碰碰；大人们则围着他品头论足。然而他不为所动，灵巧的手指上下翻飞，不知疲倦地捏出记忆中先辈流传下来的小艺术品，售价也无非一两个铜板而已。"

——哈利·弗兰克（Harry A. Franck），
《百年前的中国：美国作家笔下的南国纪行》（*Roving Through Southern China*），1925 年，第 198 页

图书在版编目（CIP）数据

从泉州出发：老潘说海上丝绸之路 /（美）潘维廉著；
陈聪译 . —北京：外文出版社，2022.11
（老潘看中国）
ISBN 978-7-119-13180-1

Ⅰ . ①从… Ⅱ . ①潘… ②曾… Ⅲ . ①社会生活 – 社会变迁 – 概况 – 泉州
Ⅳ . ① D669.3

中国版本图书馆 CIP 数据核字（2022）第 209598 号

出版指导：陆彩荣
出版统筹：胡开敏　杨春燕
责任编辑：焦雅楠　于晓欧
封面图片：视觉中国
装帧设计：北京夙焉图文设计工作室
印刷监制：秦　蒙

从泉州出发：老潘说海上丝绸之路

[美] 潘维廉（William N.Brown）　著
陈　聪 译

© 2022 外文出版社有限责任公司
出 版 人：胡开敏
出版发行：外文出版社有限责任公司　　　　邮政编码：100037
地　　址：北京市西城区百万庄大街 24 号
网　　址：http://www.flp.com.cn　　　　　电子邮箱：flp@cipg.org.cn
电　　话：008610-68320579（总编室）　　008610-68996057（编辑部）
　　　　　008610-68995852（发行部）　　008610-68996183（投稿电话）
印　　刷：鸿博昊天科技有限公司
开　　本：710mm×1000mm　　1/16　　印　张：16
字　　数：150 千字
版　　次：2022 年 12 月第 1 版第 1 次印刷
书　　号：ISBN 978-7-119-13180-1
定　　价：78.00 元